商界领袖看中国

抓住广阔市场的发展新机遇

TRANSITION AND OPPORTUNITY
STRATEGIES FROM BUSINESS LEADERS ON MAKING THE MOST OF CHINA'S FUTURE

王辉耀 苗绿 ○ 主编
全球化智库（CCG）○ 译

CCG | 全球化智库
CENTER FOR CHINA & GLOBALIZATION

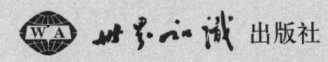

世界知识出版社

图书在版编目（CIP）数据

商界领袖看中国：抓住广阔市场的发展新机遇/王辉耀、苗绿主编. —北京：世界知识出版社，2023.11
ISBN 978-7-5012-6673-9

Ⅰ.①商… Ⅱ.①王…②苗… Ⅲ.①中国经济—经济发展—研究 Ⅳ.①F124

中国国家版本馆CIP数据核字（2023）第150285号

书　　名	**商界领袖看中国：抓住广阔市场的发展新机遇** Shangjie Lingxiu Kan Zhongguo: Zhuazhu Guangkuo Shichang De Fazhan Xinjiyu
主　　编	王辉耀　苗　绿
责任编辑	蒋少荣
责任出版	赵　玥
责任校对	陈可望
出版发行	世界知识出版社
地址邮编	北京市东城区干面胡同51号（100010）
网　　址	www.ishizhi.cn
电　　话	010-65233645（市场部）
经　　销	新华书店
印　　刷	北京虎彩文化传播有限公司
开本印张	710毫米×1000毫米　1/16　15¾印张
字　　数	198千字
版次印次	2023年11月第一版　2023年11月第一次印刷
标准书号	ISBN 978-7-5012-6673-9
定　　价	88.00元

版权所有　侵权必究

前　言

长期以来，跨国公司在中国经济发展中扮演着十分重要的角色。随着中国致力于向更加可持续、以创新为驱动的高质量发展模式转型，跨国公司也将继续发挥重要作用。跨国公司和国际商业组织拥有应对当今亟待解决的经济、技术和环境问题的全球经验以及领先的专业知识，有能力为政策制定建言献策。它们也一直在优化自身经营战略，从而"最大化"地利用中国未来的发展机遇。本书旨在将他们关于中国未来的商业洞见分享给更多读者。

改革开放40余年间，伴随中国经济的发展，跨国公司在华角色也发生了变化。改革开放初期，跨国公司多被中国的成本优势所吸引，比如劳动力成本。如今，虽然工资上涨了，但庞大的市场规模、不断扩大的中产阶级群体、优质的基础设施、大量的技术人才，加之成熟的先进制造业供应链体系，使得中国仍然具有巨大的吸引力。进入"十四五"规划（2021—2025）时期以来，巴斯夫（BASF）、埃克森美孚（Exxon Mobil）、特斯拉（Tesla）、丰田（Toyota）、大众（Volkswagen）和戴姆勒（Daimler）等大型跨国公司的在华新增投资以及不断扩大的本土化规模即是明证。联合国贸易和发展会议（UNCTAD）的数据显示，2020年

商界领袖看中国：抓住广阔市场的发展新机遇

度，中国吸收的外国直接投资（FDI）逆势增长4%，达到1630亿美元，使中国超过美国成为全球最大的外资流入国。商务部数据显示，2023年1—9月，全国新设立外商投资企业37,814家，实际使用外资金额9199.7亿元人民币；从来源地看，法国、英国、加拿大、瑞士、荷兰实际对华投资分别增长121.7%、116.9%、109.2%、76.9%、32.6%（含通过自由港投资数据）。鉴于中国良好的经济增长前景，大多数跨国公司均在全球战略规划中愈发重视中国市场。可预见在未来数年内，外国对华投资仍将呈增长趋势。中国加入世界贸易组织（WTO）已满20周年，近年的行动表明中国在未来数年内将进一步扩大对外开放，具体体现在其签署了《区域全面经济伙伴关系协定》（RCEP）、正式申请加入《全面与进步跨太平洋伙伴关系协定》（CPTPP），以及在全国范围内建立21个自由贸易区（包括海南自由贸易港）等举措上。未来越来越多的中国公司将走向海外，中国的跨国公司也将继续呈崛起之势。

跨国公司从在华投资中获得了可观的利润，中国也受益于改革开放后吸引外资的举措。40余年间，跨国公司为中国的发展作出了贡献。它们创造就业机会和税收，并将科技、人才、生产技术和管理的专业能力带入中国。

简而言之，跨国公司是中国经济发展中重要的一分子，它们基于国际化视角，能够为商业及政策制定提供宝贵的见解。具体而言，跨国公司拥有的全球资源和经验意味着它们能够对各国政策和营商环境做出相对全面客观的评价，能够通过对各国市场的比较和案例研究来针对关键问题提出建议。此外，跨国公司通常还掌握着各自领域和行业的专业知识，能够为决策者制定有关新兴领域和新问题的政策提供建设性建议。

前　言

全球化智库（CCG）自成立以来，始终致力于搭建渠道和平台，以加强外资企业与中国政策制定者之间的沟通交流，具体包括在全球化智库年度论坛——中国与全球化论坛和中国企业全球化论坛上举办研讨会、座谈会以及首席执行官圆桌会议等高端活动。

2019年，在第六届中国企业全球化论坛上，全球化智库发布了2019年跨国公司在华投资十大致敬企业榜单，以表彰跨国公司在各行业取得的成就。2020年年初暴发了新冠疫情，9月8日，全球化智库仍在2020年中国国际服务贸易交易会（简称"服贸会"）上成功地与北京市商务局联合主办了服务业扩大开放暨企业全球化论坛，与会国际商界知名人士就中国的对外开放、中美贸易摩擦对跨国公司的影响、"一带一路"倡议和区域自由贸易等重要议题展开了讨论。在2023年服贸会上，则特别举行了中外商协会高端对话，日本贸易振兴机构、中国澳大利亚商会、中国欧盟商会、加中贸易协会、中国德国商会、德国工商大会北京代表处、中国荷比卢商会、中国国际贸易学会、中国马来西亚商会、国际人才组织联合会、中国英国商会、中国美国商会等多家商协会的首席代表围绕中外经贸合作机遇与挑战等热点话题展开了研讨。此外，全球化智库还发布了《2020企业全球化报告——跨国公司在华发展新机遇》，表彰了本年度汽车、能源、化工和高科技行业外国投资者中的前25强。2021年9月，全球化智库在服贸会上发布《中美关系走向对在华跨国公司的影响》研究报告。2021年12月，全球化智库又发布了《2020—2021年度在华跨国企业社会责任（CSR）研究》报告，从五个维度总结分析在华跨国企业社会责任（CSR）的基本特征，综合推荐出2020—2021年度在华跨国企业社会责任（CSR）30强。

商界领袖看中国：抓住广阔市场的发展新机遇

通过举办年度论坛及其他特别活动，全球化智库在商界人士和政策制定者之间搭建起对话桥梁，为企业家向政府建言献策提供了渠道，也为商务部等政府部门提供了与外企交流和解释新法律与政策的新平台。

全球化智库还发起了一项创建国际商会合作网络的倡议，致力于促进在华外国商会与北京市政府和在京中国商会之间的沟通，就商会运作开展研究，提出政策建议，并在收集针对关键问题的意见和数据，以及帮助商会成员在中国发展壮大方面发挥重要作用。

自发起相关圆桌会议和商会合作网络倡议以来，我们发现：跨国公司和其他商业组织分享的观点既宝贵又颇富启发性，不仅传达了本企业或行业的观点与经验，还对全球经济和中国发展提出了深刻的见解。我们一直期待能与更多人分享这些观点，从而为开启关于中国、全球化和当代其他一些紧迫话题的对话贡献一份绵薄之力。本着这种精神，我们主编了这本由巴西、法国、德国、瑞士、英国和美国等国家的在华商会首席代表、企业高管供稿的原创作品，希望能够提供一些来自商业界的多元化的观点。诸位作者代表了多个行业的公司和利益团体，他们为中国的发展、商业机遇、国际经济合作和中美博弈等问题提供了崭新的视角。

* * *

全书分为三个部分，共计收录20篇文章。第一部分宏观展望探讨了各国如何平衡自身利益，帮助本国企业融入中国的发展进程，从而实现真正的双赢。该部分的首篇文章由中国瑞士商会

前　言

主席、SKC集团创始人兼总经理马丁·穆勒（Martin Mueller）供稿，他从经济、政治、竞争和文化等角度强调了国际商务在当今这个全球化世界中的重要性。第二篇文章由中国欧盟商会主席伍德克（Jörg Wuttke）供稿，他简述了通过加强经贸合作以加强中欧关系的路线图。第三篇文章由科文顿·柏灵律师事务所驻北京代表处管理合伙人、美国政府前助理贸易代表夏尊恩（Timothy P. Stratford）供稿，该文讨论了稳定两国重要经济关系的办法，尤其提到了要切实落实中美第一阶段经贸协议相关条款。另一位美国人，美中贸易全国委员会（USCBC）主席克雷格·艾伦（Craig Allen）重点讨论了中美"脱钩"对美国就业的影响，并就如何通过对华合作以实现就业最大化提出了具体政策建议。美国湾区委员会经济研究所所长肖恩·伦道夫（Sean Randolph）着眼于科技领域，探讨了在日益严峻的地缘政治形势下，如何助力硅谷的科技公司在华开展业务。

目光转向大西洋彼岸，英中贸易协会（CBBC）政策分析师约瑟夫·卡什（Joseph Cash）探讨了英国"脱欧"后的对华贸易关系，尤其谈到了区域自由贸易协定的潜力。接下来，中国法国工商会会长乐睿思（Christophe Lauras）从法国的角度出发，重点探讨了竞争日益激烈的商业环境以及外国企业如何更好地在华发展。

本部分最后一篇文章由路易斯·奥古斯托·德·卡斯特罗·内维斯（Luiz Augusto de Castro Neves）和图利奥·卡里埃洛（Tulio Cariell）供稿，他们来自巴中企业家委员会（CEBC），代表了拉丁美洲的声音，此二位作者对中国在巴西和其他拉美国家日益增长的投资以及巴西在中国的投资提出了深刻见解。

第二部分是分析与建议，探讨了咨询公司和专家顾问们在帮

商界领袖看中国：抓住广阔市场的发展新机遇

助跨国公司充分利用中国的发展机遇方面所能发挥的作用。该部分的首篇文章由普华永道中国内地及香港地区管理委员会成员张立钧（James Chang）供稿，作者从供应链格局调整这一角度出发，重点介绍了中国在"全球化3.0"时代面临的机遇。接下来，埃森哲大中华区主席朱虹（Samantha Zhu）通过对"双循环"模式、数字技术、环境保护和创新的深入探讨，描绘了中国经济发展的光明前景。毕马威全球中国业务发展中心全球主席、毕马威中国基础设施行业联席主管合伙人、中国澳大利亚商会（北京）会长冯栢文（Vaughn Barber）探讨了中国在转向新的发展模式阶段所面临的机遇，重新审视了中国的市场规模、创新和外国投资的影响。亚洲证券业与金融市场协会（ASIFMA，简称"亚政协"）前首席执行官马克·奥斯汀（Mark Austen）提出了对中国资本市场改革继续加速推进的建议。

本部分的下一篇文章由贝恩公司大中华区总裁韩微文和贝恩公司资深全球合伙人陆建熙（James Root）供稿，探讨了在逆全球化趋势的影响下在华跨国公司的经营情况。本部分的最后一篇文章由罗兰贝格全球管理委员会联席总裁戴璞（Denis Depoux）供稿。他从更广泛的角度探讨了中国对跨国公司的看法，以及如何应对全球不确定性，同时研究了中国企业在走向全球的过程中面临的挑战及可能的解决方案。

本书第三部分是跨国公司在华经营案例，对一些跨国公司的成功经验进行研究，探讨这些公司是如何适应在华经营的"水土"从而实现蓬勃发展并充分利用当前这一"转型与机遇期"的。首篇文章来自空中客车中国公司（简称"空客中国"）首席执行官徐岗，他从航空业的视角出发，介绍了空中客车公司在华50多年来的发展历程、空客中国走过的风风雨雨，以及中国在创造经济

前言

奇迹的过程中经历的艰辛与收获。梅赛德斯-奔驰（中国）投资有限公司大中华区董事长兼首席执行官唐仕凯（Hubertus Troska）对中国高档汽车市场令人瞩目的崛起表示肯定，并表示，中国市场已成为全球汽车行业的增长引擎，这里也成了梅赛德斯-奔驰的第二故乡。

在人力资源领域，领英中国前公共事务总经理王延平基于领英经济图谱对中国的数字经济进行了审视。教育是建设强大人才库的基础，美国教育考试服务中心（ETS）中国区总裁王梦妍分析了中国教育考试与测评行业的五大发展趋势。下一篇文章由帝斯曼集团中国区总裁周涛供稿，该文重点介绍了帝斯曼如何携手中国，通过推动营养健康产业的发展来使中国人民和帝斯曼共同走向更加光明、更加可持续的未来。本书的最后一篇文章由康宝莱全球高级副总裁、中国区董事长郑群怡供稿，他讲述了随着年轻消费者群体的崛起，营养保健品行业面临的机遇和挑战。

* * *

非常感谢所有为本书作出贡献的商界领导者以及多年来参与全球化智库活动的商界人士。若无诸位倾情奉献智慧与时间，本书就不可能问世。

尽管当前中国与世界都面临着不确定性和挑战，但这么多经验丰富的专业人士对中国经济的未来都满怀希望，这着实令人振奋。贯穿所有这些观点的一条主线是：尽管未来挑战重重，但如果能够携起手来，各国仍有很大的合作空间来共同战胜这些挑战，实现互利共赢。我们坚信，坦诚、公开的讨论是建立互信和推动进一步合作的关键，同时，我们也期待能够继续与国内外企

商界领袖看中国：抓住广阔市场的发展新机遇

业界合作，共同推进这一使命的达成。

真诚地希望本书能够为广大读者提供丰富的视角，激起针对这些重要议题的进一步思考与对话。同时，我们将继续努力促进商界、政策制定者、学术界和来自世界各地的其他专家之间的讨论，为其提供参与对话的平台，加深对当今这一令人振奋的"转型与机遇期"的理解，从而充分利用中国未来的发展新机遇。

全球化智库理事长王辉耀博士
全球化智库秘书长苗绿博士
2023年10月

目 录

第一部分　宏观展望

国际商业的重要性	〔瑞士〕马丁·穆勒	3
巩固欧盟-中国关系的路线图	〔德〕伍德克	9
稳定美中至关重要的经济关系的三大法宝：坦诚、智慧和坚持不懈	〔美〕夏尊恩	18
美中"脱钩"对美国就业的影响	〔美〕克雷格·艾伦	27
突破困局：变局下的中国与在华美国硅谷企业	〔美〕肖恩·伦道夫	41
在亚太地区的多边框架内发展英中贸易	〔英〕约瑟夫·卡什	50
明确且持续有效的改革政策将为在华法国公司营造积极的环境	〔法〕乐睿思	62
中国在巴西和拉丁美洲的投资不断增加	〔巴西〕路易斯·奥古斯托·德·卡斯特罗·内维斯 〔巴西〕图利奥·卡里埃洛	70

1

第二部分　分析与建议

中国引领"全球化3.0时代"的关键机遇……………张立钧　91

对中国未来发展保持信心的五大理由……………朱　虹　105

转型与机遇：投资于中国的新发展模式并从中获益

　　………………………………………〔澳〕冯栢文　113

中国资本市场改革仍需继续加速推进…〔加〕马克·奥斯汀　131

中国、逆全球化与跨国公司：未来10年，东西方跨国

　　公司将何去何从？…………韩微文　〔英〕陆建熙　150

中国行业巨头能否成为真正的跨国公司………〔法〕戴　璞　160

第三部分　跨国公司在华经营案例

空客是中国坚实可靠、值得信赖的长期合作伙伴……徐　岗　179

中国豪华汽车市场：百尺竿头，稳健向新……〔德〕唐仕凯　188

基于领英经济图谱从人才角度审视数字经济…………王延平　196

后疫情时代中国国际教育考试与测评：

　　未来五大发展趋势………………………………王梦妍　208

帝斯曼加快战略转型，以创新为驱动，与中国共享未来

　　………………………………………………周　涛　217

年轻消费者群体崛起背景下，营养保健品行业面临的

　　机遇与挑战………………………………………郑群怡　227

致　谢…………………………………………………………238

第一部分　宏观展望

国际商业的重要性

〔瑞士〕马丁·穆勒

马丁·穆勒，中国瑞士商会主席、SKC集团创始人兼总经理。他来自瑞士东部的圣加仑并在那里获得了机械工程师、工商管理硕士和市场营销等多个学位。在圣加仑大学（HSG）就读期间，他曾为虚拟公司开发新型管理系统。后来，马丁领导一家瑞士头部电信公司的国际销售部门长达16年，将业务扩展到46个国家，该部门主要客户包括空中客车、洛克希德·马丁公司、三星等《财富》100强企业。作为跨文化业务拓展领域的专家，马丁精通移动通信、国防、航空、赛车、可再生能源等诸多行业的专业知识。2008年，他在北京成立了SKC集团，专注于绿色建筑并为高端建筑提供最先进的理念和设计。

商界领袖看中国：抓住广阔市场的发展新机遇

国际商业关系具有根本的重要性

每个企业家都知道对自己的商业活动时不时进行鸟瞰式检视的重要性。在瑞士，我们称之为"看到篱笆那边"。突如其来的新冠疫情阻断了人与人之间的商业联系，阻碍了人们的自由流动，截至本文写作的2021年疫情暴发已一年有余。小小的新冠病毒引发了一场恐惧与信仰、冷漠与希望、贪婪与公平、自私与慷慨、无知与觉悟之间的拉锯战。虽然听起来颇为戏剧化，这却是我们当前所处时代的真实写照——一个让人在许多层面上都感到非常棘手的时代。鉴于此，请让我们退后一步，扩大视野范围，审视一下为什么无论是现在还是将来，个人、企业和组织之间的国际商业自由流动对人类都至关重要。

贸易和投资的自由化，加之技术的发展，使国际商业在20世纪后半叶得到了长足发展。这一时期，也发生了许多其他国际交流活动，如外交、文化交流、科学交流、旅游和国际体育赛事等，这些交流虽然均必不可少，但多具短期性或是在小团体范围内开展。其中，国际商业因其非暴力、关注和尊重彼此差异与优势务实的方式构建起强大的网络，从而创造出了广泛的、长期的人际交流。

有些国家的媒体聚焦于国内信息，在这种情形下，一些人变得比较自负。他们脱离实际，自视甚高，认为只有自己的世界观才是正确的。然而，只有通过亲自去做国际商务旅行和交流，这些个人和此类企业才能获得打开其眼界的现实体验，才能认识到自身的真实位置和价值。在近代历史上，一些政府和团体开始鼓吹分裂与孤立，炮制出一些概念来掩盖其单边主义的行径。这种自私行为是与世界为敌。成千上万的小企业和数以百万计的人们正遭受着贪婪和保护主义的伤害。这一趋势，加之误导性消息的持续煽风点火，使我们极有可能在未来几年内经历更深刻的两极分化。

幸运的是，曾与其他国家有过商业往来并建立了个人联系的商业人士，无论属于哪个民族，无论信仰什么，都能够分辨出谎言与真相。

尽管上文提及一些困难，但我相信在未来几年里，世界将持续进步，变得更加人性化。各国有可能共同努力以应对气候变化，解决平等问题，并扩大政治联盟，等等，但这一切发生的背景也许是自然灾害、暴力冲突与极端主义频仍。各国建立互信、互相理解、携手战胜挑战是共建人类美好未来的唯一途径。

如果各国领导人都能批判性地、诚实地进行自我剖析，那每个人都不得不承认：总体而言，我们的表现很糟糕。说好听点儿，经过数千年的进化与发展，我们怎么依旧表现得如此不成熟？为什么对女性，或对不同信仰、不同肤色、不同国籍的群体，仍然存在着各种压制？我们仍在污染美丽的地球，就好像没有明天一样。好好反思反思吧！作为地球上的居住者，如果我们能够学会共同努力，共同制定出一个简单的五年计划，我们将能够实现什么目标？究竟是什么阻碍了我们变得更聪明，开展更可持续、更负责任的行动？

我们需要共建融合、包容的世界经济，在这种经济模式下，不会继续产生更多的失败者和受害者。这并非仅仅是一些理想主义者的美好愿望，许多国际组织已将此列为首要议程。然而，空谈无益，我们必须采取行动！每个企业家和机构都有责任和义务来采取可持续的、维护整体利益的行事之道，而不是固守不负责的、狭隘的短期思维。

我们中的许多人从现在就可以开始行动，在国内乃至某个国际商业项目中以负责任的方式行事，而不需要等到某个政府或国际组织来主动采取行动。令人欣慰的是，即便只有一个国家做出了某个大胆的决定，也有可能产生波及全球的涟漪效应。例如，某个国家实施了新的环境法规后，外国企业可能会被迫遵守当地的新法规，否则就只能看着自己在该国市场上的业务停滞不前或变得无关紧要。只要当地立法者提供一点常识性的指导，国际企业就可以成为推动有机增长的推手，以推动世界经济可持续发展。

了解文化环境是成功的关键

现在，我们来认真审视一些国际商业项目。国际企业往往以多种形式开展国际业务：从货物出口至另一国，到获得产品许可和特许经营，再到在外国市场中销售、制造、研发以及分销等一系列流程。

参与国际商业使各国及其企业能够利用当地的比较优势、独特的专业知识、与生产和交付货物与服务有关的丰富的经验来进入国际市场。国际商业也促进了国内市场的竞争，并为开拓国外市场带来了新机遇。全球竞争有助于公司在资源利用方面更具创新性且更加高效。现如今，无论规模大小，全球竞争几乎影响着每一家公司。对于消费者而言，国际商业使他们有机会了解各种商品和服务。对许多人来说，国际商业提高了他们的生活水平，增加了他们对新思想、新设备、新产品、新服务和新技术的接触。要想在国外市场中取得成功，国际企业必须了解影响竞争环境的许多因素并有效地评估其影响。

经济环境

国与国的经济环境可能大相径庭。世界各国的经济也会有发达、新兴与欠发达之分。这些均带来了很多变量，深刻地影响到从教育和基础设施再到技术和医疗保健等方方面面。

政治环境

国际商业领域的政治环境是指政府和企业间的关系以及一个国家的政治风险。因此，从事国际业务的公司必须准备好与不同类型的政府和机构打交道。鉴于国际企业离不开一国政府的支持，要想在一国开展业务，就需要考虑该国的政治体制。

竞争环境

关于竞争环境，并没有统一的说法，它会因经济、政治和文化背景的不同而不断变化。竞争可能来自方方面面，其性质也可能因地而异。技术创新水平便是竞争环境的一个重要方面，因为企业会为了获得最新技术而开展竞争。

文化环境

外国的文化环境也是国际商业环境的重要组成部分，也是多种环境因素中最难为人们所理解的一种。外国文化环境植根于当地的信仰和价值观，受语言、宗教、地理位置、政府、历史和教育等因素的影响。许多国际公司通常会对外国进行文化分析，从而更好地了解这些因素以及它们如何影响国际商业活动。

在中国过去40余年的开放与发展中，许多外国企业进入了中

商界领袖看中国：抓住广阔市场的发展新机遇

国市场。其中一些企业取得了成功，至今仍在蓬勃发展，而另一些则被迫退出中国市场。据我观察，这些外企退出中国市场的一个关键原因是缺乏对当地文化的深刻理解，既不了解其客户、员工，也不了解当地的供应商和法律体系。这一切似乎无甚大碍，但事实上，缺乏文化理解迟早会影响公司的业务。当然，这一规律不仅适用于中国市场，也适用于任何国际业务，乃至邻国间的业务往来。

我在负责国际销售业务时，从欧洲学到的一点是沟通，尤其是口头表达。在欧洲，德语是第二大语言，德国、奥地利、瑞士都讲德语。如果有人想在德语区建一个工厂、研发或物流中心，事情可能会比较顺利。但是如果你想在那里开展个人销售业务，那么没有一个人能够从容地应对整个德语区的业务。因为当涉及销售和推销话术时，这些国家的文化大相径庭，这意味着你若想在整个德语区获得成功，借助当地人的力量必不可少。

当今世界正滑向动荡变革时期，开展国际商务变得愈发复杂，但这并非问题的焦点，我们都知道阳光总在风雨后。世界上需要数以百万计的跨境商业交易，而我们可以以身作则，确保自己进行的项目是可持续、高效、合法、诚实并对所有参与方都有利的。

我所在的机构——中国瑞士商会——随时会准备好并有能力为中国和瑞士企业家提供支持。我们致力于采取"明智且可持续"的行动，这也是我们与瑞士政府机构共同坚守的原则。我们需要为下一代创造更好的经济形势、更健康的地球环境，在此过程中每一个人的努力都不可或缺。

巩固欧盟－中国关系的路线图

〔德〕伍德克

伍德克,巴斯夫中国副总裁兼首席代表,常驻北京。2001—2004年,他曾任中国德国商会董事会副主席,目前任中国欧盟商会主席,他还曾于2007—2010年和2014—2017年担任该职务。伍德克先生在2013—2016年以及2019年至今担任中国石油和化学工业联合会(CPCIF)国际合作委员会副主席,该委员会在中国化工协会中代表跨国公司的利益。他还是德国最重要的专门研究中国的智库墨卡托中国研究所(MERICS)的顾问委员会成员。伍德克先生毕业于曼海姆大学,获工商管理和经济学学士学位,曾分别于1982年在上海,1984—1985年在中国台北学习中文。

商界领袖看中国：抓住广阔市场的发展新机遇

2020年关于中国的国际报道主要传达了两条消息：新冠疫情的暴发和由此造成的经济挑战，这使得企业前景未卜，也增加了多国市场与中国"脱钩"的可能性。人们承受着疫情带来的苦难，经济挑战造成的影响则更为深远。

中国欧盟商会会员企业表示，在它们能够参与的中国经济领域中，不会将当前或计划中的投资转向其他国家。《中国欧盟商会商业信心调查2020》（BCS 2020）显示：2020年只有11%的会员公司考虑这样做，这接近于过去10年间的最低比例。

即便将新冠疫情过后可能出现经济动荡纳入考量，在华欧洲跨国公司也不会基于未来一两年制订计划，而是着眼于未来一二十年。它们的中小型企业合作伙伴也同样致力于服务中国市场，直接面向中国客户的欧洲中小企业亦如此。

现在几乎可以肯定的是，新冠疫情造成的经济影响将使某些供应链更加多样化。鉴于中国市场最先受到疫情的冲击，许多公司在遭遇供应短缺后自然而然地寻求解决办法。然而，这不应被误解为"撤出中国市场"。

我们就这一话题与各企业领导者展开的讨论揭示出一些明显的趋势：在华增加投资的欧洲跨国公司正寻求将其供应链转移到中国境内，并深化其本地生产能力，以免企业遭受进一步影响；那些已经撤出中国市场或计划撤出的企业，大多数在华经营是为了服务出口市场，而不是为了满足中国消费者的需求。

重大的经济"脱钩"并未发生

截至目前并没有任何经济因素强大到足以将欧洲投资者赶出中国，但商业决策也绝不是凭空做出的。世界上呼吁对中国采取更强硬立场的声音越来越大。近期,美国人达成的唯一共识似乎是:美国必须开启对华关系的新时代,放弃历届政府所奉行的不惜一切代价的对华接触政策,转而采取更为鹰派的政策。

昔日欧盟主席让-克洛德·容克(Jean-Claude Juncker)在发表题为《2017年欧盟状况》的演讲时,谈及欧盟需要加强贸易议程,并表示:"欧洲对商业确实持开放态度,但这种开放必须基于互惠原则,我们的付出与回报必须成正比。"这标志着欧洲在与中国打交道时,在某种程度上与之前采取的较为温和的方针有所偏离。自那时起,欧洲的基调一直在不断变化,以应对中国的经济改革议程。目前,欧盟正在制定一系列体制机制,包括投资筛选机制,以更好地保护欧盟共同市场免受外部冲击。

中国经济崛起顺应了历史规律

在过去40余年的经济开放进程中,中国已成为欧洲玩家参与的重要市场,而且有潜力借鉴一些先行国家的做法再次创造出经济奇迹。在中国,人们普遍认为过去40余年间的迅速崛起是独一无二的,但欧洲商业界则将其视作现代化与市场开放在推动经济蓬勃发展中发挥关键作用的又一个案例。

过去150年间,多个经济体都经历了大规模和快速的工业化与现代化进程。中国正在走一条类似于"亚洲四小龙"(韩国、中国台湾、中国香港和新加坡)所走过的道路。上述市场均在大约40年的时间里从不甚发达的经济体系/贸易港口成功转变为高度发达且具有竞争力的工业、创新和金融中心。

历史上,较大的经济体也曾实施过相似举措。同19世纪末第二次工业革命中的许多国家一样,德国在1871年实现统一后不久就迅速实现了工业化。同一时期，一个更加引人注目的现代化进程出现了：日本政府进行了明治维新，使日本从封建的农业经济国家一跃成为可与当时最强大的国家媲美的一股经济力量。这些历史经验可资借鉴。两国甚至在二战期间遭受了猛烈轰炸后依然能够在几十年后再次崛起成为强国。

欧洲商业界对中国发展的看法与对上述国家的看法相同。在可比较的时间范围内，中国经济也将遵循类似的增长趋势，正如图1世界银行关于引入市场改革后各国以购买力平价计算的人均国内生产总值（GDP）增长情况数据显示的这样。欧洲企业已准备好在东亚新兴经济强国的发展进程中发挥关键作用。

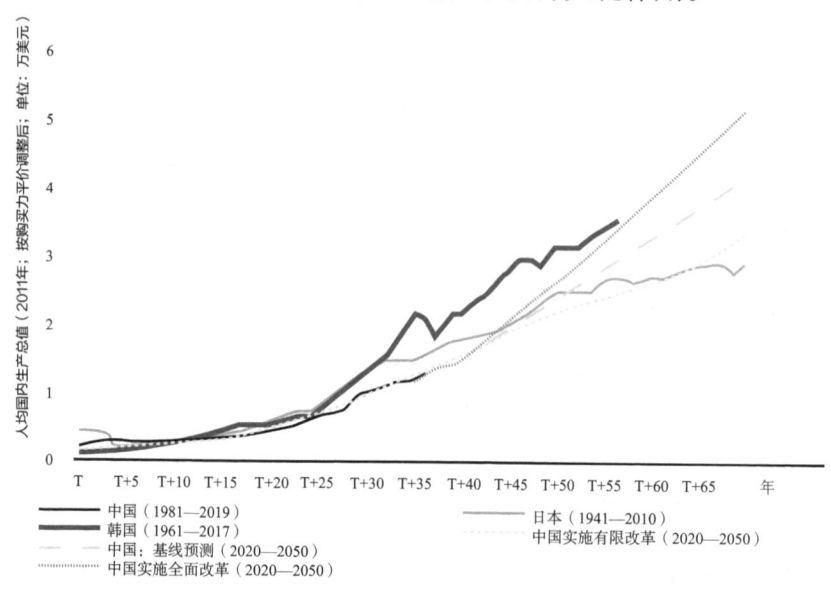

图1　引入市场改革后各国以购买力平价计算的人均国内生产总值增长情况

资料来源：世界银行。

第一部分　宏观展望

扎根中国，服务中国和世界

欧洲公司从第三方市场获得的好处远远超过销售增长带来的直接利益。它们还从获得全球性人才、参与竞争以及接触新形式的创新中受益匪浅。在这些方面，中国同样也获得益处。

欧洲许多最优秀的公司的成功源于数十年间与国内外同行的竞争。欧洲共同市场形成后，很快释放出红利，因为此前受边界和关税保护的公司突然被迫削减规模，否则它们就会落伍。随着全球化的发展，这场竞赛的赢家进入了国际市场，世贸组织为其提供了进入其他竞争领域的机遇。

由于中国目前开放程度还不够，欧洲跨国公司和中国优秀企业还无法充分利用中国的优势来发展自己。

昔日，外国公司能够从中国挑选最优秀、最聪明的人才，现在却面临着来自本地公司的激烈竞争，这进一步凸显出在华经营和能够轻松调配世界各地的人才来开展中国业务的必要性。欧洲公司热衷于将其人才输送到中国，以学习新技能并获得可应用于其他地方的经验。这也有助于跨国公司通过将最优秀的本地人才和外国人才聚集在一起释放协同效应。但遗憾的是，中国对外国人才的限制目前还比较多。

因此，我们呼吁中国在实施开放政策时，减少目前对外国人才的限制，以使中国的相关政策措施与欧盟的更加一致。

中国市场潜力巨大，市场准入规则有待完善

多年来，中国欧盟商会一直倡导中国实施更加全面的开放，

商界领袖看中国：抓住广阔市场的发展新机遇

为外国企业提供平等的待遇。目前，有计划在华投资的外国公司面临较多限制，这实际上阻碍了中国的整体发展。只有吸引更多外国投资才能充分释放中国市场潜力，与此同时，这也会加剧竞争。

要想在华投资，外国公司首先必须对《外商投资准入特别管理措施（负面清单）》有所了解，这是一份涉及不同行业的清单。根据清单规定，外国投资要么需要遵守相关准入条件，要么被禁止。这些准入条件包括股权上限或中国合伙人必须拥有合资企业的多数控制权等。

2020年6月底，中国政府对该清单进行了修订，缩减了7项限制，保留了33个限制/禁止的行业。然而，大多数被撤销准入限制的领域，如种子开发、核燃料和核辐射处理、石油和天然气勘探以及管网设施等，对外国公司意义不大。保留的限制/禁止的领域则涉及具有广泛利益的产业，譬如法律和电信服务。传统中药生产也在清单上，但这并非欧洲企业的优先事项。

除《外商投资准入特别管理措施（负面清单）》外，外国投资者还必须对不太经常被提及的《市场准入负面清单》有所了解。这份清单会影响所有的市场参与者，而非仅仅外国参与者。这提醒我们，中国的私营企业也受制于中国的监管框架。这份市场准入负面清单共列出130项禁止或许可事项，即对数百种商品和服务的准入限制，但其中绝大部分并非禁止事项，而是需要获得各种许可。

修订后的《外商投资准入特别管理措施（负面清单）》除了缩减某些限制性条目，还规定国务院有权对其选定的任何公司撤销清单上的限制。

对于得到国务院批准的公司而言，这无疑是个好消息。

第一部分 宏观展望

开放的承诺与行动

中国正在推动经济开放。近年来,中国政府不断重申这一说法。习近平主席在2017年达沃斯经济论坛上发表演讲,使人们对更加光明的未来充满了希望,他表示"搞保护主义如同把自己关进黑屋子","打贸易战的结果只能是两败俱伤"。

通过国务院2017年1月印发的《国务院关于扩大对外开放积极利用外资若干措施的通知》以及2017年8月印发的《国务院关于促进外资增长若干措施的通知》等文件,这些计划得以正式通过。随着2019年通过的《中华人民共和国外商投资法》于2020年1月1日生效,预计中国对外国投资的管理将出现新的积极转变。所有这些政策都旨在精简现有外商管理法规,刺激外商投资。

2018年,欧盟商会发布了年度主题报告《后达沃斯时代的中国——改革势在必行》,着重分析自习近平主席于2017年1月在达沃斯发表主旨演讲后,18个月以来中国改革开放取得的进展。报告显示,有迹象表明中国已经加快了改革步伐。

金融危机无疑加剧了经济增长的放缓,但世界银行的研究报告强调,国有企业的效率不足以及在效率方面远远落后于民营企业这一事实,同样起到了推波助澜的作用。中国的经济增长潜力仍存,但其人均收入和生产力却远远低于发达经济体。为了缩小这一差距,中国需要向私营部门分配更多的资源,在人力资本方面进行更多的投资,并对工业流程和管理实践进行升级。

商界领袖看中国：抓住广阔市场的发展新机遇

当心政策误判

当企业希望进行长期投资时，需要可靠的机构来提供高度的确定性。换言之，如果一国不能建立健全的机制和经济框架，那么将很难维持自身的发展。

中国的对外开放措施在某些方面非常有前景。将某些行业从负面清单中剔除将为企业投资铺平道路，使之可投资于之前受到限制的领域。

在当前各企业越来越倾向于规避风险的情况下，基于透明和可衡量的因素建立可靠的许可和批准机制来提高可预测性，不仅可以提振商业信心，还可以提升政府的公信力。

在中国，许多人都认识到了机制建设的必要性。例如，2012年由世界银行和国务院发展研究中心共同编制的《2030年的中国：建设现代、和谐、有创造力的社会》报告中就将其作为一项核心建议。中国专家和国际专家一致认为，只有建立强大的机制，中国的发展才会获得前进动力以摆脱"中等收入陷阱"。

欧洲企业可扮演转型催化剂

如果有合适的机会，欧洲公司准备进一步扎根中国。欧洲顶级公司对中国的持续投资不仅仅是一串串数字，当前在建的新工厂皆采用了最前沿的科技，建成后将成为世界上现代化程度最高的基础设施。它们整合了人工智能、第五代移动通信技术（5G）和云平台等新兴技术，将打造出全新业务和运营模式。届时，这些工厂将提供一系列高薪工作，向中国日益增长的熟练工人群体传授新技能，提供高质量商品并提高中国消费者的期望值，从而助力中国进一步实现产业升级。

美国现任政府强行与中国"脱钩"的举动可能会严重影响允许对华出口的技术种类。美国政府对向中国关键公司提供半导体实施出口管制，可能会给中国造成潜在经济损失，因为中国在该领域落后于美国甚远，同时也会对美中关系造成更大的伤害。同样，美国也可能通过限制中国最好的公司使用美元进行交易，从而严重削弱其实力。当然，美国政府也可能会尽量少用这类措施，即使要用，也会采取极具针对性的方式。

在中国相对较强的领域，与美国"脱钩"或被切断获取美国技术的渠道可能会产生较小的影响。在一些技术领域，中国公司已经超越了美国。例如，中国的许多互联网公司都是世界领先的，再加上强大的风险投资文化，即使美国在这些领域切断了对中国的投资，中国也依然能够生存，甚至还能够茁壮成长。

但在工业技术方面，中国公司还远落后于欧洲、日本和美国的企业。因此，要想摆脱在工业技术上"脱钩"带来的负面影响，中国就需要拉近与其他合作伙伴的距离。这么做对充分提高中国的生产率至关重要。

欧洲和中国的技术优势互补，双方能够在一个正经历逆全球化浪潮的世界里共生共存。要想实现这一目标，中国就要建立健全的体制机制，致力于营造友好的商业环境，消除不必要的限制，并降低欧盟企业的市场准入门槛。

商界领袖看中国：抓住广阔市场的发展新机遇

稳定美中至关重要的经济关系的三大法宝：坦诚、智慧和坚持不懈

〔美〕夏尊恩

夏尊恩，科文顿·柏灵律师事务所驻北京代表处管理合伙人。作为美国前助理贸易代表，他是在华企业中级别最高的美国政府前官员。除了在华盛顿美国贸易代表办公室（USTR）任职的五年（2005年至2010年），他自1982年以来一直在大中华地区工作和生活，曾任美国驻华大使馆公使衔商务参赞以及通用汽车中国公司的总法律顾问。他还曾三度担任中国美国商会会长。他毕业于杨百翰大学和哈佛大学法学院。

第一部分　宏观展望

在过去的38年里，我一直致力于促进美中两国建立公平互利的贸易关系，因为在我看来，正确处理美中贸易关系是当代最重要的任务和挑战之一。在担任律师、美国外交官、一家大型美国公司在华业务总顾问以及中国美国商会三届会长期间，我努力为这一目标奋斗。作为一名美国前贸易谈判代表，我向两国谈判代表今天所做出的非凡努力致敬，并对他们面临的艰巨挑战表示理解。

对《中美第一阶段经贸协议》[①] 的评估

《中美第一阶段经贸协议》确保了中国在知识产权、技术转让、农业、金融服务和货币五个领域的承诺，此前的谈判也往往涉及这几个领域。就某些协议条款而言，这些承诺实现了很大突破，达成了远超以往的谈判结果。就其他一些条款而言，这一协议肯定、澄清或在一定程度上扩大了现有承诺。

在知识产权方面，该协议包括与商业机密、专利、网络盗版、地理标志、恶意商标注册和执法有关的具体条款。关于商业机密，许多承诺进行的改革——它们可以大大加强对该种形式的知识产权保护——已被写入中国近期的立法中。但毫无疑问的是，双方谈判以及中国推动自身创新和改善自身知识产权保护形象的愿望在一定程度上推动了这项立法。第一阶段经贸协议在药品专利保护方面实现了很大的崭新突破，某些条款反映出中国曾考虑但至今尚未实际实施的改革。这些承诺包括延长专利期限、制定专利纠纷早期解决机制等条款。

---

① 即《中华人民共和国政府和美利坚合众国政府经济贸易协议》（简称《中美第一阶段经贸协议》），于美国东部时间2020年1月15日由中美双方在美国华盛顿签署。——译者注

19

然而该协议并未涉及美国其他行业,特别是信息和通信技术（ICT）行业利益相关者极为关切的其他领域,如中国对标准、基本专利的态度,以及中国竞争法的执行对许可协议和全球专利纠纷的影响。该协议以在线盗版和地理标志领域现有的双边承诺为基础,还涉及恶意商标注册,但并未体现中国在打击恶意商标注册方面的具体行动承诺。在协议中,中国还承诺将加强对知识产权剽窃的刑事威慑,这在某种程度上反映出中国于2020年推出的新举措。在执法方面,协议强调了针对特定侵权行为采取"运动式"的执法举措,但这种模式在过去并未产生持久的效果。

总的来说,正如伯克利法律和技术中心（BCLT）的著名中国知识产权法专家马克·科恩（Mark Cohen）所观察到的:"协议中涉及的改革……在许多情况下,似乎更侧重于以往的问题。尽管继续强调行政机构的责任和有限的民事补救措施令人失望,但除了已经实施的立法改革外,协议中还有许多值得关注的知识产权改革。"

关于只占协议内容两页的技术转让问题,中国做出的承诺是不强迫技术转让或开展以获取外国技术为目的的境外直接投资活动。2020年实施的修订版《中华人民共和国外商投资法》中的一般原则,可能会为未来的法律实施或谈判提供一定基础。

在农业方面,该协议做出了一系列详细承诺,取得了重大进展,包括承诺消除一系列阻碍美国农业、海产品和生物技术出口的具体非关税壁垒。

在金融服务方面,该协议重申并适当扩展了中国最近开放金融领域以吸引更多外资的行动。该协议的主要附加价值是让中国承诺遵守许可证的审批期限,并明确金融服务个别领域的许可业务范围。

第一部分 宏观展望

在货币方面，该协议几乎未取得任何新突破，主要是重申了中国在二十国集团、国际货币基金组织和双边协议中已经做出的承诺，例如避免竞争性贬值——这一问题已经持续了数年——以及提升对外汇市场干预的透明度。

除了解决这五个领域的问题外，《中美第一阶段经贸协议》还有两个有别于以往协议的新特点，有可能产生相当大的影响：其一，至少在短期内增加从美国进口的具体承诺；其二，达成实施新的执法/争端解决机制的协议。

在扩大贸易方面，中国承诺在2020—2021年额外进口价值2000亿美元的美国商品和服务，如果按2017年的年度进口水平来评估，2020—2021年的进口额不会达到这一数字。这一承诺可谓为美国公司提供了真正的销售机会，然而新冠疫情突如其来造成了影响，实际履行情况不太令人满意。

此外，在协议的这一章中，具体的购买承诺与将基于商业考虑和市场条件进行购买的声明文字之间存在着内在的冲突。此外，受管制的贸易开展数量与协议中其他部分中强调的基于市场的改革之间也存在着脱节。一些评论者指出，这些承诺如果被视为对贸易流动的约束性限制，就可能与中国的世贸组织义务发生冲突。该协议试图通过强调根据该协议实施的改革以及由此带来的贸易流量的增加将扩大其他国家和美国的对华出口，以化解对可能发生的贸易转移的担忧。

该协议争端解决机制不同于世贸组织争端解决机制和大多数自由贸易协定的约定，因为它不依赖于独立的仲裁机构，而致力于通过一步步的双边磋商。申诉方有权"以合适的方式实施补救措施"以处理涉嫌违反协议的行为。如果应诉方认为申诉方采取这种强制行动出于恶意，则其行使追索权的唯一渠道就是退出协议。这种方式可以使协议的执行更加迅速，更具确定性，但同时也可能增加协议的脆弱性。

例如，如果中国觉得美国在单方面执行该协议时没有做到公平行事，那么它可能会在报复中声称美国做出了某种违规行为并实施自己的补救措施。其结果可能是《中美第一阶段经贸协议》双方重新互相施加报复性关税，两国关系恶化。然而，作为一名美国前贸易谈判代表，当我努力消除美国公司在华遇到的障碍时，我很高兴中美两国能够进入这一新的争端解决程序，因为在过去，就遇到的大多数问题而言，我们基本上没有执法选择，只能启动世贸组织诉讼。

总之，在实质性承诺方面，该协议主要在保护知识产权，特别是药品，以及解决限制美国农产品出口的长期贸易壁垒方面取得了新进展；而影响美国技术公司的大多数问题，如数字贸易、技术许可和网络安全监管等问题并未得到解决，影响除金融服务业外其他服务业的问题也未得到解决。

协议中的许多承诺都属于我一开始所说的第一类问题，并且多项承诺都旨在重申、放大和澄清此前做出的承诺。此外，相当数量的承诺属于第二类，是针对各种零散的贸易壁垒和非互惠待遇的具体例子做出的新承诺。但是，协议中几乎没有任何内容涉及我所说的第三类"系统性问题"。

从中美第一阶段贸易谈判中汲取的经验教训

展望未来，我们可以肯定，美中经济关系的未来发展、两国的经济发展政策、美中企业的商业计划和活动，以及其他国家政府和公司的经济政策和战略等，都将受到美中两国在第一阶段贸

第一部分 宏观展望

易谈判和之前的贸易摩擦中汲取的经验教训的深刻影响。我们究竟学到了什么呢？

也许最重要的是，中国政府几乎可以肯定地得出结论：从中国的角度来看，美国并不像中国此前认为的那样是一个"可靠"的贸易伙伴。这一新评估的重要性怎么强调都不为过。自从20多年前中国加入世贸组织以来，美国首次对大量中国商品征收高额关税，并大幅加强对中国企业获取各种美国技术和高科技零部件的限制，以增加美国在贸易谈判中的影响力。

因此，正如预期的那样，中国政府正在加倍努力在关键技术、零部件和大宗商品方面实现自给自足，以降低未来应对美国压力时的脆弱性。这一现象在被中国视为"关键基础设施"的经济要素领域尤为明显。这意味着在这些特定领域，美国公司参与极为重要的中国市场的机会正在大幅减少，中国政府有着强烈的动机来增加对中国公司的产业政策支持。这也意味着在第二阶段谈判中解决这些系统性问题将变得非常困难。

美国政府认识到，尽管征收关税确实有助于将中国官员带到谈判桌前，但仅靠关税还不足以——至少在目前——说服中国政府做出它认为不符合自身利益的承诺，尤其是这种承诺涉及对其现有经济模式进行重大改革时。美国政府也进一步意识到了关税升级和对双边经济合作的其他限制可能会对美国企业、美国竞争力和创新以及美国和全球经济造成破坏性影响。然而，这场贸易摩擦的整体代价和破坏性影响才刚刚开始形成，其最终的长期影响将取决于中美两国如何明智地处理下一阶段的中美关系。

美国公司已经认识到不能再像过去那样完全依赖中国的供应商或客户来开展业务，中国公司也认识到不能完全依赖美国公司。同样，这一发展情况的重要性怎么强调都不为过，哪怕其全面影响要等一段时间才能显现出来，而且某些部门受到的冲击要比其他部门严重得多。根据其经营行业和希望出售产品的主要市场，美国公司现在往往必须采取"在华为华"或"中国+1"战略。

在第一种情况下，美国和其他外国公司通过与当地合作伙伴合作，依据中国市场的需求来设计和制造产品或提供服务，以满足中国的工业政策和国家安全要求。这种策略对优先考虑中国市场的公司最具吸引力。中国监管机构最有可能接受的是纯粹的国内公司无法提供有质量保证的同等产品和服务，或者在中国公司已经建立了市场支配地位的特定领域。

在"中国+1"战略下，依赖中国商品的美国公司开始寻找除中国外的供应商来补充其现有的中国供应商，而那些严重依赖中国市场的美国公司则开始寻求开发其他市场。美国公司往往通过这两种方式降低美中贸易商品流动可能进一步中断带来的风险。

实现美中经济关系的新平衡

大多数与中国做生意的美国人都明白各国维护国家安全、促进本国经济技术发展的必要性，而且大多数人都承认这一点。过去20年来情况发生了变化，需要对美中经济关系进行重大调整。随着这一调整的展开，许多人也正在对其商业战略和计划进行调整。然而，我们不应接受两国一些人所持有的过于简单的观点，即如果中美两个经济体"脱钩"，其中一方最终会实现更好的发展，无论是从经济角度还是从国家安全的角度出发。

我们应该记住，尽管面临着挑战，但两国都从双边经济交往中、从中国过去20年的发展中、从伴随这些发展的两国间相对积极的关系中受益匪浅。如果我们通过筑起"小院高墙"来限制国家安全措施对两国经济的负面影响,并为企业提供更多的可预测性,美中两国人民都将大大受益。

系统性的贸易政策问题似乎需要新的解决之道。过去,美中关系主要受帮助中国"与世界接轨"这一共同利益所推动。中国在经过漫长的谈判后加入世贸组织是这一进程中的一个重要里程碑,从那时起,美中贸易谈判往往集中于中国和美国关于世贸组织成员应该如何监管自身经济的看法分歧上。

然而,在特朗普时代的谈判过程中,面对来自美国的巨大压力,中国政府显然决定比以前更明确、更有力地拒绝美国关于应如何监管本国经济以及如何处理与他国经济关系的观点。中国希望被视为全球化的倡导者。

在未来的美中谈判中,采用一种新的范式是有益的。这种新的范式不是紧盯和争论中国与现有世界秩序的一致性,而是明确承认中国的不同做法,用中国的一句话来说就是寻求"和而不同"。这一范式的实施可以基于对中国主权的尊重,同时可以对中国经济发展模式带来的挑战做出更积极和清晰的回应。这种范式可以包括:(1)两国客观、坦诚地列出彼此间的制度差异,并明确指出那些导致一方或另一方拥有不公平优势的差异和做法;(2)允许每个国家以合理的方式解释自身所遭受的损害的性质,并在可能的情况下量化这些损害;(3)请自身制度和做法对对方造成损害的国家提出减轻损害的方法。

当然,在最终确定如何解决问题之前,受到损害的国家需要制定补救措施,并确保这些措施不会对自身利益造成比最初遭受的损害更大的损害。然后,另一国可以判断在当时的情况下对方采取的行动是否合理。此外,受到损害的国家应注意不要夸大对方行动的负面后果,应认识到本国实施的国内政策最终可能比另一国的政策更重要。

这一方针需要美中两国开展高级别谈判，谈判过程中，双方代表都有权处理一系列双边问题。它还需要一定程度的坦诚、智慧与坚持。

就美国而言，解决所有这些问题将需要立法和行政部门之间以及政府和私营部门之间进行密切协调与沟通。我们正在进入未知的水域。

应对这些挑战中的每一个挑战都离不开非凡的创造力和远见。但是，很少有哪项事业能像这项事业那样，对我们自己的国家利益和这么多人民的福祉产生如此深刻的影响。自1979年外交关系正常化以来，双边经济关系一直是美中整体关系的压舱石。我们不能忽视双边经济关系这一重要的影响经济利益以及善意的驱动力。

美中"脱钩"对美国就业的影响

〔美〕克雷格·艾伦

克雷格·艾伦，美中贸易全国委员会主席。该委员会是一个非政府、非营利性组织，代表着200多家与中国有业务往来的美国公司。在加入该委员会之前，克雷格是一名美国外交官，在世界各地（主要是在亚洲）度过了长期而杰出的职业生涯。2015—2018年，他曾任美国驻文莱达鲁萨兰国大使。他还曾担任美国商务部国际贸易管理局负责亚洲事务的副助理部长以及负责中国事务的副助理部长。

商界领袖看中国：抓住广阔市场的发展新机遇

拜登政府初期的美中关系扑朔迷离。

2021年2月4日，拜登总统在美国国务院发表讲话时强调："我们在国外采取的每一项行动，都必须考虑美国的工薪家庭。"充分就业是本届政府的一个关键目标。

此外，拜登总统还表示："我们将对抗中国的经济权力。"

这两套外交政策目标之间存在着内在矛盾。美国将如何在最大限度地为本国民众提供就业机会的同时，又在自己认为必需之处与中国持不同意见？

本文将提出十条政策建议，说明如何在不损害美国地缘政治或外交目标的情况下，通过利用中国的增长来实现美国就业的最大化。

然而，有三大注意事项。

第一个注意事项是，贸易政策与劳动力市场的具体情况之间相关性很弱。例如，虽然特朗普总统奉行贸易保护主义政策，但在新冠疫情暴发前，就业形势一片大好。特朗普总统增加了约900万个工作岗位，这主要得益于宽松的财政和货币政策与去监管政策的结合。贸易政策对就业确实有影响，但影响相对较小。

第二个注意事项是，未来的技术变革将以不可预测的方式对美国劳动力市场产生影响。例如，未来的自动驾驶技术对就业的影响将远远大于贸易政策的影响。

第三个注意事项是，在研究美国对华贸易政策时，也不应忽略中国国内的宏观经济形势。

2007年，温家宝总理谈到中国经济时曾称，中国经济存在的巨大问题依然是不稳定、不平衡、不协调、不可持续的结构性问题。时至今日，温总理的看法可能依然和当时一样准确，这也对世界各国的政策制定者产生了深刻的影响。

第一部分　宏观展望

中国的家庭消费水平过低。2020年，中国的家庭消费占其国内生产总值的比例不足40%，这与经合组织国家的60%至70%形成了鲜明对比。从国际比较的视角来看，中国以牺牲家庭消费为代价，大量地过度储蓄并且在通常不经济的基础设施领域进行过度投资，从而催生了产能过剩、过度投资和（隐含的）补贴出口。

好消息是，中国政府认识到了这些不平衡，并明确表示有意解决这些根本性问题。

在2021年3月举行的全国人民代表大会上，中国政府提出了"双循环"战略以及扩大消费占国内生产总值比例的计划。[①] 这些政策是否有助于扩大中等收入群体并切实提高消费占国内生产总值的比重？是否会与世贸组织相关原则兼容？"双循环"战略将对中国的贸易伙伴产生何种影响？

对中国而言，从以投资和净出口为基础向以国内消费为基础的经济转型，将是一个艰难而长期的过程。要想解决温总理所说的中国经济存在的"不稳定、不平衡、不协调、不可持续的结构性问题"，中国就需要在未来10年内每年将高达两到三个百分点的国内生产总值从投资转向消费。

贸易政策与美国就业

在理清美中宏观经济政策调整的首要事项后，我们现在重点来谈贸易政策。宏观经济政策调整和技术变革的重要性不言而喻，但贸易政策将继续影响美国的就业。

未来的经济史学家将饶有兴趣地回顾特朗普政府在贸易政策

---

① 此处有误。习近平总书记在2020年5月14日召开的中央政治局常务委员会会议上发表的讲话中提出构建国内国际双循环相互促进的新发展格局。——编者注

29

方面的诸多创新。特朗普在任的4年提供了许多关于关税和其他保护主义政策的成本与收益的数据。

虽然尚无定论，但有证据表明，特朗普通过挑起贸易摩擦加征关税及实施其他制裁措施对美国就业产生了非常消极的影响，即使这并非他的本意。

的确，通过加征关税可能创造了一些就业机会，但可以肯定的是，也正是关税措施导致了更多工作机会的流失。

罗伯特·莱特希泽大使和彼得·纳瓦罗（Peter Navarro）教授可能会谈到铝冶炼厂和钢厂所保留的工作岗位，但他们可能不会透露：据彼得森国际经济研究所查德·鲍恩（Chad Bown）的说法，这些行业每保留一个工作岗位就要花费900美元。

在制造业领域，由于出口减少，美国的就业受到了直接打击，同时，由于全要素生产率和竞争力下降，美国的就业受到了间接打击。下面讲的是一个因关税措施而损失销售额和市场份额的公司的案例。

一个工具制造商从中国进口工具零部件，在美国进行组装，然后将产品销往世界各地。但当关税政策出台后，他的公司所需要的许多零部件必须缴纳25%的加征关税，而且无法找到价格优惠的替代供应商。由于这家公司是在美国使用中国的零部件进行生产，所以它不得不提高价格，随之而来的是美国市场和国外市场份额被竞争对手夺走，这让更多美国人的处境变得更加糟糕。

此类故事在整个美国制造业领域重复上演了上万次。

最近，美中贸易全国委员会委托牛津经济研究院研究关税对就业造成的影响。得出的结论是，在贸易摩擦最激烈的时候，美国大约流失了24.5万个就业机会。

下面的图显示出因特朗普挑起贸易摩擦而流失的工作岗位所

在的行业分布。图1按类别显示出美国对华出口总额。服务业是美国对华出口的重要组成部分，占美国出口总额的40%，而且占比一直在快速增长。

图2重点关注中美两国的制造业，显示出贸易摩擦在毛增加值（GVA）方面对制造业产生的影响。这张图很好地表明，特朗普的关税政策在中国产生了预期效果：中国所涉行业的毛增加值都有所下降，然而，无一例外，美国相同行业的毛增加值也下降了，有时下降得更多，有时下降得更少，但总之，双方都受到了损害。

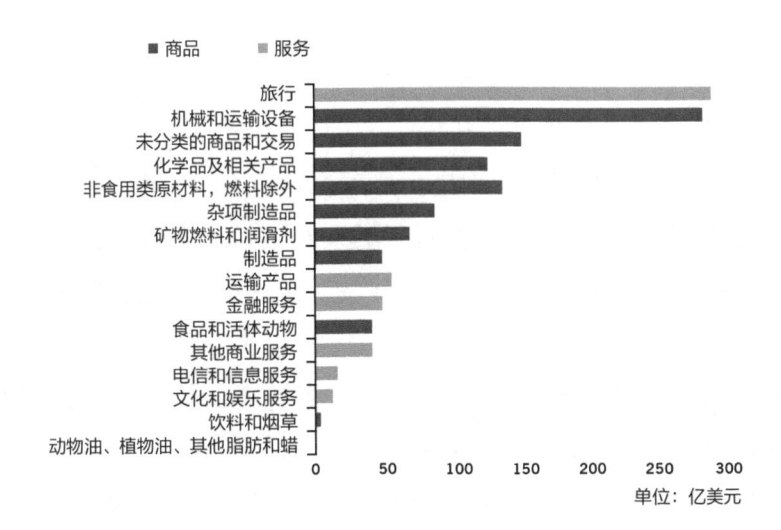

图1　2019年美国对华不同类别出口额

资料来源：牛津经济研究院/哈弗分析公司。

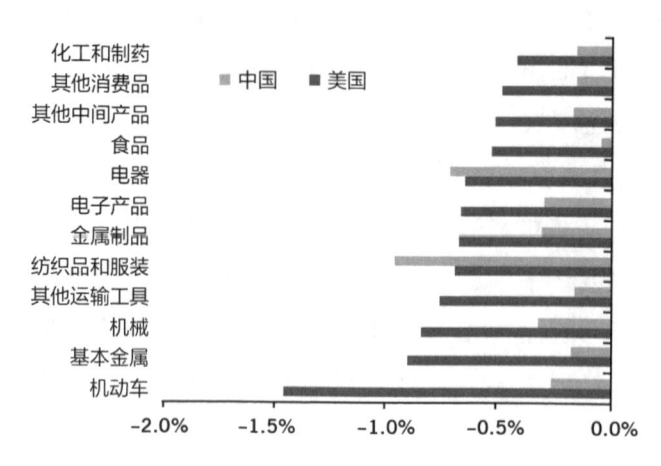

商界领袖看中国：抓住广阔市场的发展新机遇

```
化工和制药
其他消费品              ■中国  ■美国
其他中间产品
食品
电器
电子产品
金属制品
纺织品和服装
其他运输工具
机械
基本金属
机动车
        -2.0%   -1.5%   -1.0%   -0.5%   0.0%
```

图2　2019年9月美国对中国产品加征关税对美国制造业的预估影响

贸易摩擦对就业的影响不一。这些贸易政策对那些最依赖商品生产和制造业的州的影响最为严重，这一点发人深省。

在处理与贸易伙伴间的贸易问题时，过度依赖双边关税造成的负面影响通常会对美国中西部谷物种植区的农民的利益造成影响。当其他国家反对美国违反世贸组织规则加征关税时，它们会打击美国农产品的出口以进行报复。因为美国是世界上最大的农产品出口国，这么做会对美国政治产生极大影响。

特朗普总统斥资约280亿美元来补偿美国农民的损失，但赔偿金分配不均，几乎无法弥补已经丧失的、来之不易的市场份额并损伤了美国农民期望在中国和其他国家开展销售的长期规划。

这些补贴使得关税对美国农民造成的失业影响极其难以衡量。

举例来说，2018年，由于价格低廉，美国威斯康星州一个小型乳制品家庭不得不将他们的80头奶牛卖给一个拥有800头奶牛的邻居，而这部分是由中国对美国乳制品征收报复性关税造成的。然后这位农民找了一份长途卡车司机的工作。虽然从技术层面来讲他没有失业，但劳动力市场的构成却发生了变化。

最后，牛津经济研究院还预测了2022—2025年关税降低对经济和就业产生的影响。图3所依据的假设并非完全取消关税，而是将双边关税从目前平均20%的税率降至12%，仅此一举，到2025年，便将创造出14.5万个新增的就业机会。

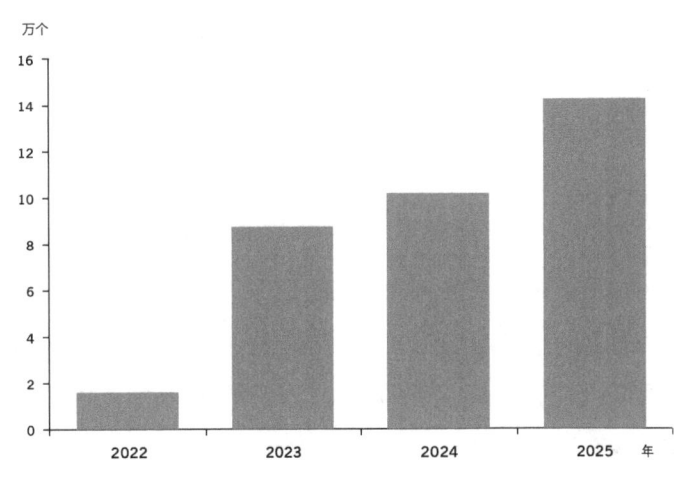

图3　贸易摩擦缓和对就业的影响预测

资料来源：牛津经济研究院/哈弗分析公司。

如果双方完全取消关税，那么两国必将创造出更多的就业岗位，虽然数量难以精确地预估。

实现美国就业最大化的十项政策建议

基于已有数据，笔者提出了如下十项政策建议。

第一，美中两国必须重启一个论坛，对影响对方福祉的重要宏观经济问题进行讨论。两国迫切地需要重新开展定期对话，以确认或影响美中两国将要做出的宏观经济决策。像战略与经济对话这样的形式，可以让美国对中国的一些政策有更好的了解（这些政策将会对美国的就业有所影响），同时为中国提供技术支持，协助其调整经济模式，提高消费占国内生产总值的比重。另外，两国还可以开展更严格意义上的技术对话，以应对和解决具体问题。

与中国政府重新开展定期对话的另一个原因是，双方都需要开展更加务实的对话。

虽然美中之间的分歧并没有简单的解决之道，但谈谈总比不谈好。

第二，我们应维持并全面执行《中美第一阶段经贸协议》。对于这一协议，中国政府官员已表态称，中方打算全面履行自己在协议中做出的承诺，对此应予以鼓励。美国贸易代表处、商务部、能源部和农业部应启动谈判，以了解中国将在何时以及如何履行这些义务。

中国政府已经履行了其在协议中的承诺，放宽了对美国农业和金融服务公司的市场准入，这从长远来看意义重大。此外，中国还加强了对知识产权的保护。在这些领域已经取得了很大进展，我们应当维护并扩大这些进展。

鉴于《中美第一阶段经贸协议》的有效期只到2021年年底，因此笔者提出第三条建议。

第三，应抓紧时间启动第二阶段经贸协议谈判，以便在第一阶段协议到期前完成相关洽谈。完成谈判的理想日期是在2021年11月10日至13日拜登总统和习近平主席在新西兰亚太经合组织年度会议上进行会晤期间。①

2019年未解决的问题涉及国有企业、补贴、工业技术政策和网络等领域。这些问题都非常棘手，但中方表示愿意讨论。欧盟暂缓批准中欧投资协定（CAI），但该协定中包含了中国对国有企业和补贴相关内容的适度承诺。

美国可以重启双边投资协定谈判，并要求中国提交当时做出的承诺，也可以重启奥巴马总统与习近平主席达成的网络协议。②尽管谈判过程将会困难重重，但在所有这些问题上取得渐进式进展依然是有可能的。

拜登政府可能不希望称之为第二阶段协议，而愿意将其称为一系列关于具体议题的较小协议。但美中必须为双边贸易谈判创造一些动力，之前已商定的路线图或许会有所帮助。

第四，应降低双方的关税。目前，中美货物贸易的平均关税税率约为20%，如果不尽快解决，将有可能发展成为永久性关税。提高关税往往很容易，但降低关税一般很难，而且关税设立的时间越长，就越难取消。

关税是"就业杀手"，也使美中两国的消费者都陷入困境。如果这些关税成为永久性关税，它们可能将永久地扭曲美中贸易和投资，使双边关系陷入可能难以恢复的不稳定状态。

美中贸易全国委员会的研究表明，如果关税降低到12%，到2025年美国将净增约14.5万个工作岗位。如果关税被完全取消，特别是伴随着一些悬而未决问题的逐步解决，两国将进一步创造

---

① 受新冠疫情影响，本次会议应2021年的亚太经合组织轮值主席国新西兰倡议以视频方式召开，11月12日晚，习近平主席在北京以视频方式出席亚太经合组织第二十八次领导人非正式会议并发表讲话。——译者注

② 即中美在2015年达成的网络安全共识。

更多的就业机会。

第五，在完成第二阶段谈判并取消关税后，中美应以《全面与进步跨太平洋伙伴关系协定》为框架继续开展谈判。如今，亚洲的经济架构与4年前的已截然不同。中国与其合作伙伴成功地缔结了由15国共同签署的《区域全面经济伙伴关系协定》；中国与欧洲达成了中欧投资协定，尽管欧盟暂缓批准；"一带一路"投资进一步推动了区域经济一体化。中国的贸易谈判人员一直非常忙碌。

习主席和李总理都表示，中国将考虑加入《全面与进步跨太平洋伙伴关系协定》，我们应该相信他们。中国经济学家评论说，这将是中国改革开放计划中下一个合乎逻辑的步骤。虽然中国加入《全面与进步跨太平洋伙伴关系协定》肯定需要时间，但他们的能力和决心都不应受到质疑。

从政治上看，美国在短期内考虑加入《全面与进步跨太平洋伙伴关系协定》缺乏可行性，但如果中国要抛开美国加入《全面与进步跨太平洋伙伴关系协定》，人们的看法可能会发生改变。如果中国抛开美国加入了《全面与进步跨太平洋伙伴关系协定》，那么美国就会被排除在亚洲——世界上增长最快的市场之外。这将是一个历史性的转折点，而美国可能很难从这一局面中恢复过来。

为了规避这种风险，世界上最大的两个经济体有必要就双方有朝一日可能都会加入的协定的规则开展对话。《全面与进步跨太平洋伙伴关系协定》以美国贸易法为基础，并与《美墨加三国协议》（USMCA）紧密互补。

这项建议是一项较长期的建议。目前尚不清楚加入《全面与进步跨太平洋伙伴关系协定》对就业的影响。然而，我们需要制定向前推进的战略，在笔者看来，围绕《全面与进步跨太平洋伙伴关系协定》与中国进行讨论符合美国的长期经济利益。

接下来的三项建议短期性更强，而且超出了贸易外交的传统界限，但却能够为美国工人带来即时的、可量化的好处。

第六，为迎接后疫情时代，应取消对中共党员的签证限制，并为中国人赴美旅游提供便利。

新冠疫情暴发前，旅游产品是美国对华最大的单一出口产品，每年的出口额高达300亿美元。然而，特朗普政府对9200万中共党员及其家属实施了赴美限制。[①] 这些规定既令人反感且完全不可执行，应立即废除。

旅游业作为高度劳动密集型行业，继续向中国公民提供相关服务将对美国低收入群体尤为有利，如那些在零售店或酒店做服务员或司机的美国人。

毫无疑问，如果美国政府不插手干涉，后疫情时代对旅游服务的需求和旅游市场的持续扩大是有可能的。取消对中共党员及其家属的签证限制既明智又简单，而且这将为数十万美国人创造收入，特别是那些受到新冠疫情严重冲击的人。

第七，拜登政府应明确表示，只要不直接涉及国家安全领域，美国大学欢迎中国普通大学生赴美留学。

粗略估算，教育是一个价值150亿美元的出口市场。如果中国学生知道自己是安全且受欢迎的，他们仍乐意赴美留学。有许多竞争对手希望取代美国的这一市场地位，因此我们绝非高枕无忧。

但是，美国对中国研究人员的过度反应确实使个别中国学者

---

① 截至2021年6月5日，中国共产党党员总数为9514.8万名。——译者注

及华裔美国学者遭受了不公平的待遇。对此，美国大学和研究机构应保持学术自由，扩大与中国民间同行的合作和技术交流。

第八，在未明显涉及国家安全的行业和地域，都应欢迎中国在美投资。

美国经济史表明，拥有巨额贸易顺差的国家最终会在美国市场上投资，在这里生产产品。这种产业迁移是积极的，它曾缓和了20世纪70年代美国与日本以及80年代和90年代与韩国的紧张关系。

如今，美国需要更多的中国投资，特别是失业率偏高和长期不发达的地区。

在不涉及国家安全的行业，中国对美国有着巨大的投资需求。对此，美国政府应表示欢迎。虽然市长和州长希望中国在其管辖范围内投资，但美国联邦政府的热情似乎没有那么高。随之而来的结果是：与2017年相比，2018年美国的就业岗位因此减少了约3万个（见图4）。

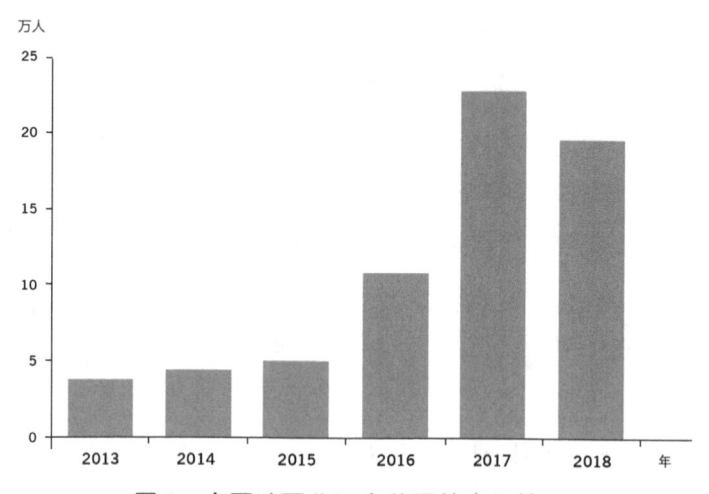

图4　中国跨国公司在美国的雇佣情况

资料来源：牛津经济研究院；美国商务部经济分析局（BEA）。

第一部分 宏观展望

就对外国投资的监管而言，虽然美国外国投资委员会和《外国投资风险审查现代化法案》不可或缺，但其应用方式却表明美国联邦政府希望尽可能地限制来自中国的投资，而这恰恰导致了适得其反的结果：损害了美国工人的利益。

为了公平起见，应该指出的是，中国政府也一直在规范对美国和其他国家的投资，因此，美国的政策并不是唯一的障碍。

尽管如此，若不允许中国在美国投资，美国将注定长期与中国处于经济不平衡的状态，而这不是我们应该向往的未来。

第九，应采取激励措施打造弹性供应链，而不是加征扭曲贸易的关税或施加其他政府主导的贸易壁垒。

鉴于新冠疫情对美国供应链造成的潜在冲击和美方的担忧，美国有理由渴望打造更具弹性的供应链，以确保紧急情况下关键物资的持续流动。然而，美国政府在胁迫制造业进行产业转移或迫使公司在特定地区开展生产活动之前，应三思而后行。

关税是一种收效甚微的笨重工具，因受关税刺激而对美国制造业进行投资的案例极少。通过实施关税，制造业确实从中国转移到了东盟国家。但这真的有助于提升美国供应链的弹性吗？对美国的就业真的有帮助吗？

如果美国政府希望吸引企业在美国投资，就应为此制定符合世贸组织规定的激励措施，并允许企业自行决定要购买什么、在哪里购买。

第十，需要更全面地解决数据、出口管制和技术政策方面的挑战——最好与欧洲和日本保持一致。技术是双边关系中最棘手和最重要的因素，尤其是从长期来看。

在某种程度上，在全球经济生态系统中，国际谈判和更优良的治理体系可以使中国转变为其他拥有完善研究体系的国家可信

39

赖的合作伙伴，这绝非天方夜谭。更好地融入全球研发规范、价值观和程序符合中国民用研究机构的利益。

鉴于该问题的重要性及复杂性，我认为有必要在白宫设立一个新的办公室来协调全球技术和数据政策，它的第一项工作将是协调与该问题相关的十几个机构。

此外，该办公室还应能够与美国的盟友进行协调。它还应与中国和其他国家就技术合作和技术竞争的规则进行谈判，最重要的是，就执行这些规则的机制进行谈判。

技术问题是美中关系中最棘手的问题，美国政府需要采取更具针对性、更为协调和更精准的方法来应对。面对这一长期问题，制订应对方案时应格外谨慎。

各国之间更好的协调将发挥作用。制定出口管控、入境投资的共同标准，以及如果可能的话，制定共同的研究和发展议程及预算，应是我们的共同目标。

结　语

总之，在不影响美中两国整体地缘政治和外交挑战的前提下，本文提出的政策建议将有助于在短期、中期和长期内增加美国的就业。本文提出的十项政策建议将使美国经济朝着更加健康的方向发展，同时为美国公民带来更多的就业机会。

美中安全和经济关系错综复杂，两国必须关注双方的安全和经济需求，尽可能地弥合分歧，努力打造美中之间的新竞合关系。

第一部分　宏观展望

突破困局：变局下的中国与在华美国硅谷企业

〔美〕肖恩·伦道夫

　　肖恩·伦道夫，美国湾区委员会经济研究所所长。曾于1998—2015年担任该委员会主席兼首席执行官，并负责管理湾区科学与创新协会（BASIC）。他曾任加利福尼亚州国际贸易主管，此前担任太平洋盆地经济理事会（PBEC）国际总干事，该理事会是一个拥有1000名成员的亚太商业组织。肖恩还曾在美国国会、白宫以及国务院和能源部任职。他拥有乔治城大学法律中心法律博士学位、弗莱彻法律与外交学院（塔夫茨大学和哈佛大学）博士学位、乔治城外交学院学士学位，并曾在伦敦经济学院学习。

41

商界领袖看中国：抓住广阔市场的发展新机遇

近年来，中国的经济和政策格局发生了重大变化，与此同时，美国的经济和政策变化也改变了许多在华美国公司的长期战略。企业不喜欢不确定性，尤其是在做长期投资决策时。因此，美中关系的不确定性给中国的海外合作伙伴，包括旧金山湾区/硅谷的投资者和技术公司带来了战术和战略问题。成功解决这些问题将需要高管们在中国市场带来的机遇和产生越来越多障碍的地缘政治格局之间闪转腾挪。湾区是美国技术和创新体系的核心区域，并且拥有大量领先的技术公司和数以万计的初创企业，因此探索出一条合作路径对两国都将产生重要的影响。

驾驭不确定的政策环境

这些障碍和不确定性涉及贸易、投资以及信任。

我们首先来看贸易，美中贸易摩擦肇始于2016年，至2019年年末两国宣布达成《中美第一阶段经贸协议》时暂告一段落。在此期间，两国互相对一系列产品加征了不断升级的关税。贸易摩擦虽然对中国造成了损害，但美国企业同样也受到了损害，尤其是对农业和制造业领域的企业而言，因为美国生产商切实感受到了从中国进口的零部件成本的上升。虽然第一阶段经贸协议削减了一些关税，但大多数关税仍在实施。这就催生了一个问题，即在什么情况下可以取消这些关税，或者这些关税是否有可能成为永久性关税。值得注意的是，尽管贸易摩擦是由特朗普政府发起的，目标是减少美国对华贸易的不平衡，但事实上，美国并未成功地实现这一目标。伴随着新冠疫情期间美国消费需求的增长以及中国生产的恢复，虽然有关税，但美国的进口仍在增长。到2020年年底，美国的货物贸易赤字为3100亿美元，仅仅略低于

2019年的3450亿美元。

投资已成为一个与贸易相当的问题，并与贸易密切相关。美中之间的双向风险投资和外国直接投资于2016年达到顶峰，此后急剧下降。中国在美投资的下降可能是由于中国国内风险投资活动的降温。然而，相关投资的下降在很大程度上反映了美国接受中国风险投资氛围的冷却，这是美国2018年9月《外国投资风险审查现代化法案》（FIRRMA）的出台和通过所导致的。该法案增强了美国外国投资委员会（CFIUS）审查入境外国投资的权力。虽然上述方案不是专门针对中国制定的，但美国外国投资委员会的案件量却主要是由中国交易构成的。

法案赋予的新权力使美国外国投资委员会扩大了员工规模。它不仅可以审查重大并购行为，还可以审查购买拥有重要技术的小公司的少数股权的行为，因为这种交易将使投资者获得参与重要决策或相关技术的机会。被美国外国投资委员会列为敏感技术的清单很长，包括许多最重要的新兴领域。将使投资者获得大量敏感个人信息的交易会受到美国外国投资委员会的特别审查。美国外国投资委员会还有权解除已达成的交易。但实际上，这一框架并不能完全阻止来自中国的投资，因为来自中国或其他国家的绿地投资不在其管辖范围内，而且有法律机制可以通过将投资方从决策中分离出来从而使敏感交易得以继续进行。尽管如此，美国外国投资委员会审查的广度以及开展更严格审查的可能性还是足以阻碍来自中国的投资，并对风险投资流动——尤其是对硅谷的投资流动——产生重大影响。

这会影响来自小型中国风险投资公司以及百度、腾讯和阿里巴巴等大型中国公司的投资，这些公司在硅谷的投资和并购都相当活跃。中国和硅谷之间日益增加的投资联系被削弱，反映出美国政府对具有国防或全球竞争战略意义的技术可能泄露的担忧。

特朗普到拜登时期的政策变化

与特朗普政府相比,拜登政府领导下的美国在处理对华关系时已朝着更为积极的方向发展,总体上将更具建设性。特朗普政府时期特有的咄咄逼人的言辞已呈减少趋势,华盛顿将寻求在应对气候变化、核扩散以及全球卫生等领域与中国展开合作。特朗普政府明确拥护的经济"脱钩"目标,将随着美中经济深度互联的本质得到承认而淡出人们的视野。这一转变深受旧金山湾区/硅谷的跨国公司和小公司甚至全加利福尼亚州的欢迎,因为这表明美国对中国的看法更加务实,这也将为投资者带来更大的稳定性和确定性。该地区与中国有着紧密的历史和文化联系,近几十年来,该地区的公司一直是推动中国经济发展的重要合作伙伴。在次国家层面,州、地区和城市组织机构继续积极支持加强商业联系。拜登政府对华采取的更为客观的态度将使他们能够维持历史性的经济合作渠道,并在国内存在争论之际继续寻求新的合作机遇。

不过,在2020年大选期间和拜登政府执政的前几个月,特朗普政府的对华政策明显不会被彻底地推翻,很多政策会得以保留。包括国务卿安东尼·布林肯(Antony Blinken)在内的美国高级官员表示,美国和中国是全球竞争对手,两国在新疆和香港的未来等非经济问题上的分歧不会消失。其他美国机构对中国政策的内部审查表明,虽然拜登政府的执政基调会发生变化,但特朗普政府的政策得以延续的概率更大,这反映出华盛顿两党对中国问题达成了广泛共识。

影响跨国公司的一个变量将是美中经济和技术体系将在何种程度上保持联系。在特朗普政府的领导下，美中经济"脱钩"的压力越来越大。虽然这将降低美国在关键技术供应链中断方面的脆弱性，但同时，特朗普政府限制中国公司获得先进半导体等关键产品的行动也有助于推动中国减少对外国技术的依赖。拜登政府不太可能将"脱钩"作为战略目标，因为美中经济在各个方面已经深度融合，不可能轻易"脱钩"。

2021年1月，拜登政府暂停执行特朗普政府的一项行政命令，该命令禁止美国人投资与中国军方有关联的中国公司。在2021年7月，司法部撤销了指控5名访问学者隐瞒其与中国军方关系的诉讼。

然而，同上届政府一样，拜登政府将对关键产品和技术的全球供应链的安全予以高度关注，这表明随着时间的推移，两国科技体系将进一步分离。值得注意的是，作为其首批行动之一，2021年2月，拜登签署了一项行政命令，责令进行为期100天的审查，以确保构建安全、具有弹性的供应链。审查的大部分重点将放在国内投资和生产上，但鉴于医药、半导体和信息通信技术等领域的国际供应链比较脆弱这一背景，审查进程将关注"国内供应链依赖竞争对手国家的领域"。对于一些跨国公司和其他在中国进行生产的公司而言，这意味着要采取"中国+"战略，即虽然在中国进行生产，但同时将生产活动分散到一个或多个国家来降低对单一供应来源的依赖。东南亚可能是主要受益者，但印度和墨西哥也将会看到越来越多的投资流入。

商界领袖看中国：抓住广阔市场的发展新机遇

企业高管对中国营商环境的看法

2021年2月，布鲁金斯学会对全球科技公司高管进行的一项民意调查发现，大多数受访者预计，美中政府将继续实施一系列政策，促使两国进一步"脱钩"，进而导致全球技术产业日益分化为两个领域；不到1/10的人相信，在未来10年内，技术产业将是全球化和开放的。它们不希望美国走补贴和政治驱动的采购之路，而是建议美国保持对外国资本和技术的开放，同时维持其更积极的政策，限制向国外转让美国的关键技术。

受访者主要来自高科技硬件、信息技术服务、半导体和互联网行业，以及金融和专业服务、电信、生物技术和医疗保健行业。大约一半受访者所在公司的总部位于中国，其余受访者分别来自美国、日本、韩国、英国、德国等国家的公司。

关于美国，62%的受访者认为美国政府将增加对中国高科技出口的限制。然而，他们预计，技术产业的全球分布或美中技术产业的相互依存度不会发生重大变化，中国公司将在开发系统或能够提供解决方案的技术应用方面显示出持续优势，而美国则将保持其在核心零部件（如半导体和软件）以及上游先进制造和设计产业（如领先的铸造厂和半导体制造设备及材料）方面的优势。例如，大多数人认为，在未来5年内，中国将成为全球三大电动汽车公司和全球三大云服务供应商的所在地，但很少有人认为中国将成为全球三大图形处理器、中央处理器或操作系统的供应商，或者中国将在领先的半导体工具领域成功地打造出全球前三大厂商。

尽管存在政治阻力，但这些观点表明，至少在短期内，美中商业关系不会彻底跌入低谷。受访者认为，中国公司将继续与美国供应商开展务实合作。虽然未来美国政府的政策会影响企业的选择，但绝大多数（95%）受访者预计中国公司将会欢迎目前拒绝它们的美国供应商回来，但预计这些中国公司将会制订相关备用计划，在中国研制出类似产品或技术时取代美国供应商。这意味着大多数美国公司的成功将更多地取决于自身在技术和供应商价值（包括价格、质量和上市时间）方面领先于中国竞争对手的能力，而不是政府政策。这与参与调查的中国公司的观点一致，即美国公司在未来10年内将继续主导全球技术市场，同时，许多人认为中国政府为实现自力更生，将会在不同的经济领域采取不同举措。

接受调查的美国受访者也认识到了自身在客户和收入方面对中国的依赖，并表示希望能够在遵守美国法律和出口管制政策的同时保持在中国的业务。4/5的人表示将继续在中国开展激烈竞争，超过一半的人表示将专注于本地化运营。然而，有相当一部分人（1/5）表示计划退出中国市场。中美企业领导者都希望美国能够加强对全球化的承诺。有趣的是，只有不到20%的人认为美国应采取"让市场决定"的方式来解决中美商业问题，50%的人支持美国通过与盟友合作来应对中国对关键技术的获取。总部设在中国的跨国公司更有可能建议美国政府采取"放权"的做法，但与总部设在中国以外的跨国公司一样，它们也同样支持加强对技术转让的限制。

从这些观点中，我们能够得到一个重要启示：尽管跨国公司将继续在全球范围内开展竞争，但它们在美中两国或各自的生态系统中可能不会以同样的方式运作，而是会根据美中两国的具体情况开展相关商业活动。这将会影响跨国公司关于知识产权和核心研发地点的决策。由于不希望退出任何一个市场，所以它们将需要面对运营过程中不断增长的成本和复杂性。

展望未来

上海美国商会的《2020年中国商业报告》显示，尽管发生了贸易摩擦，但在接受调查的346家公司中，超过78%的公司实现了赢利，略高于近年来的水平，32%的公司预计利润将高于2019年。伴随着中国经济的强劲复苏，消费者对从化妆品到汽车等产品的需求激增，中国消费市场对跨国公司的重要性将继续增长。对许多海外公司来说，在中国的丰厚收入有助于弥补在从疫情中恢复较慢的经济体的收入下滑。2020年，中国是唯一实现经济正增长（2%）的主要经济体，[①]反映出了这一点：虽然2020年全球外商直接投资呈下降趋势，但中国吸引的外商直接投资则呈增长趋势。这为中国经济持续增长提供了预期证据。

其他动向表明，有选择地对外国跨国公司开放将有利于湾区/硅谷的公司。作为一个纯粹的外资电动汽车生产商，特斯拉在上海进行汽车生产。特斯拉在中国汽车市场上取得的成功表明，外国投资只要与中国政府的优先事项相一致，就能获得成功。目前，特斯拉在中国的销量领先于比亚迪、广汽、北汽和其他主要电动车生产商，而且特斯拉已经宣布将很快开始向欧洲出口在中国生产的汽车。同样，经过长时间的延迟后，维萨（Visa）已获准进入中国支付市场，这反映出中国正在兑现早些时候宣布的金融市场自由化和《中美第一阶段经贸协议》中的承诺。

[①] 中国国家统计局2021年1月18日发布数据显示：初步核算，2020年中国国内生产总值为1,015,986亿元，按可比价格计算，比上年增长2.3%。——译者注

美国政策进行几个方向性转变将有利于美中商业往来，促进两国开展更多投资与贸易活动。一是美国政府审查技术贸易的框架过于广泛，由此产生的不确定性抑制了贸易和投资，但却未必能为美国经济或安全提供所谓的保障。虽然此类战略进程显然必不可少，但许多美国企业将欢迎对这些管控采取更加透明和有选择性的方法。同样，基于过于宽泛的定义对技术转让进行单边控制，可能会适得其反。在可能的情况下，这些流程应具有针对性和多边性，并允许未受影响的商业活动开展的环境具有较小的不确定性。

商界领袖看中国：抓住广阔市场的发展新机遇

在亚太地区的多边框架内发展英中贸易

〔英〕约瑟夫·卡什

约瑟夫·卡什，英中贸易协会政策分析师。作为一名政治和战略事务顾问，他对英国与中国、日本和东盟成员国的关系有着专业的了解，并拥有丰富的贸易政策制定经验，曾在七国集团工商峰会（B7）和二十国集团工商峰会（B20）、欧洲企业组织联合会（Business Europe）的多边框架内工作，并曾在《英日全面经济伙伴关系协定》（UK-Japan CEPA）谈判期间与日本谈判团队和日本经济团体联合会（Keidanren）合作。在加入英中贸易协会前，约瑟夫曾在英国工业联合会（CBI）担任中国、东北亚和东南亚政策顾问。他的研究兴趣包括从公共政策角度看自由贸易协定的有效性以及企业在贸易谈判中的作用等。他获牛津大学现代中国研究硕士学位，会讲汉语普通话。

第一部分　宏观展望

引　言

本文探讨了英国如果寻求在亚太地区的多边贸易框架内与中国建立更紧密的经济关系，将会面临的机遇和挑战。

作者将论证借助英国在《全面与进步跨太平洋伙伴关系协定》中发挥作用的计划和中国在《区域全面经济伙伴关系协定》中发挥作用的计划，中英非常有机会推动双边关系在现有基础上更进一步。

文中分析将分三部分进行。第一部分探讨英国"脱欧"后计划更多地参与亚太地区贸易。具体措施是与日本签署自由贸易协定（FTA），与韩国签署展期协议，正式申请加入《全面与进步跨太平洋伙伴关系协定》，并评估在此进程中中国的重要性。第二部分将指出英中两国企业如何利用这些协议条款来更有效地发挥区域影响力，以提升供应链的多样性，改善市场准入条件。第三部分探讨英中两国如何通过这一贸易网络共同制定新的自由贸易规则。

文章的结论是，英中两国能够在这些框架内有效合作，同时，考虑到英中两国达成自贸协定任重而道远，因此，两国走向多边模式大有裨益，将有助于打造弹性供应链和改善市场准入条件。

英国"脱欧"后与中国的战略伙伴关系

全球力量的平衡正在经历重新调整期，并逐步从西方向东方倾斜。作为一个西方市场，英国需要采取更有效的方法来理解

商界领袖看中国：抓住广阔市场的发展新机遇

这种变化，以避免因受地缘政治影响而被挤出全球贸易和金融市场。① 为此，英国政界人士高度重视亚洲市场和自贸协定在确保英国在欧盟之外实现长期经济繁荣方面的重要性。② 然而，中国仍然是"房间里的大象"，因为任何关于亚太地区经济和安全联系的外交政策讨论都绕不开关于如何与中国接触的对话。

英国已表示希望深化对华贸易关系，尽管迄今为止尚未出台官方文件，但这些声音着实来自英国高层政治人物。③ 从更广泛的角度来看，英国为改善与亚太地区的贸易关系所采取的官方措施包括与日本签订全面自贸协定、与韩国达成展期协议以及正式申请加入《全面与进步跨太平洋伙伴关系协定》。值得注意的是，尽管目前尚未正式迈出加深英中贸易关系的步伐，但这并不意味着英国政府和企业没有考虑如何利用多边主义来改善双边的经济关系。

鉴于中国是亚太地区最大的经济体，因此很难想象英国政府和商界如何能够在不增加与中国市场接触的情况下实现"向亚洲倾斜"的目标。例如，中国的名义国内生产总值几乎是亚太地区第二大经济体日本的三倍。④ 中国的经济体量如此之大，其年度

---

① 约翰·贝乌（John Bew）、马丁·琼斯（Martin Jones）：《英国在亚洲的战略：一些初始原则》（UK Strategy in Asia: Some Starting Principles），政策交流（Policy Exchange），2017年，访问时间：2021年4月13日，https://policyexchange.ory.uk/wp-content/uploads/2017/09/UK-strategy-in-Asia.pdf，第4页。

② 同上，第3页。

③ 保罗·欧文·克鲁克斯（Paul Irwin Crookes）、约翰·法雷尔（John Farnell）：《英国"脱欧"后对华战略伙伴关系：面临政治约束的经济机遇》（The UK's Strategic Partnership with China beyond Brexit: Economic Opportunities Facing Political Constraints），《当代中国事务》（*Journal of Current Chinese Affairs*）2019年第1期，第108页。

④ 世界经济展望数据库（World Economic Outlook Databases），国际货币基金组织（IMF），2021年4月，https://www.imf.org/en/Publications/WEO/weo-database/2021/April/download-entire-database。

第一部分　宏观展望

国内生产总值增长的部分就相当于整个澳大利亚的经济体量。[①]因此,在考虑加强与整个亚太地区的经济交往时,中国的市场机会过于诱人,英国几乎无法忽视。

需要强调的是,这两场对话并不是凭空发生的,人们已经普遍认识到了中国市场对英国的重要性。[②]英国企业和政策制定者也意识到,中国是亚太地区其他经济体的重要贸易伙伴。简言之,中国是亚太地区贸易的关键角色。当英国寻求进一步深化与新加坡、日本和澳大利亚等市场的关系时,明智的做法应是注意探索如何确保中国也出现在未来英国–亚太贸易关系的战略架构中。

为此,英国政府在宣传与新兴市场合作的好处时,借鉴了英中贸易关系的成功经验。事实上,英国政府就亚太地区的潜力向企业传达的信息与它之前对中国市场的说法相呼应,强调亚太地区是世界上一些增长最快的市场的所在地。[③]

在试图说服英国商界相信在6000英里外的东方存在着重要的机会时,英国对华贸易统计数据值得被反复提及。英中贸易额从一个不大的基数上迅速增长。因此,中国如今是许多英国公司最大的单一国家市场,这反映在英国对华贸易数据中:2015年至

[①] 周欣(Zhou Xin,音译):《中国去年的GDP增长额超过了澳大利亚的整体经济体量》(China's GDP Growth Last Year Was Worth More Than Australia's Whole Economy),《南华早报》(SCMP),2019年3月3日,https://www.scmp.com/economy/china-economy/article/2188404/china-says-last-years-gdp-growth-was-worth-more-australias。

[②] 约瑟夫·卡什(Joseph Cash):《英国"脱欧"后对中国的需求有多大?》(How Much Does the UK Need China Post-Brexit?),《焦点》(FOCUS Magazine),2021年7月20日,https://focus.cbbc.org/how-much-uk-need-china-post-brexit/#.YR8PMi0RrBI。

[③] 莉兹·特鲁斯(Liz Truss):《英国准备成为太平洋玩家》(Britain Is Poised to Become a Pacific Player),《每日电讯报》(The Telegraph),2021年1月31日,https://www.telegraph.co.uk/news/2021/01/31/britain-poised-become-pacific-player。

商界领袖看中国：抓住广阔市场的发展新机遇

2019年期间，英国对华出口增长了138%，同期中国对英国的出口仅增长了30%。① 这些贸易量在英国国内转化为了切切实实的利益，剑桥计量经济学会（Cambridge Econometrics）受英中贸易协会委托开展的一项调查显示，仅是贸易、旅游和教育领域的合作就为英国提供了多达13万个就业岗位。②

认识到在中国取得的成功以及亚太地区更广泛的市场潜力，英国商界表示支持采取双轨制，同时发展与中国和亚太其他地区的贸易。③ 2020年，中国与东盟十国等国家共同签署了《区域全面经济伙伴关系协定》，英国公司及其他十五国对此表示欢迎，同时，英国主要商业联合会也对本国加入《全面与进步跨太平洋伙伴关系协定》表示支持。④ 英国公司对中国在《区域全面经济伙伴关系协定》中的地位颇感兴趣，因为中国为在亚太地区第三方市场有业务的英国贸易商提供了新的机会，他们希望利用《区域全面经济伙伴关系协定》、《全面与进步跨太平洋伙伴关系协

---

① 英国国家统计办公室（Office for National Statistics）：《英国国际收支》粉皮书（*UK Balance of Payments:* Pink Book），2021年3月。

② 克里斯·桑恩（Chris Thoung）：《英国的就业机会取决于与中国的联系》（UK Jobs Dependent on Links to China），剑桥：英中贸易协会（China Britain Business Council），2020年，访问时间：2021年4月13日，https://www.cbbc.m-w.site/sites/default/files/2021-03/Cambridge-Econometrics-Impact-of-China-on-UK-Jobs-2nd-report.pdf，第5页。

③ 卡罗琳·费尔贝恩（Carolyn Fairbairn）：《英国无法承受与中国"脱钩"的代价》（The UK Cannot Afford to Self-Isolate from China），《金融时报》（*Financial Times*），2020年7月21日，https://www.ft.com/content/11e46189-2bf7-423c-8fb8-7c1fcb79462f。

④ 英国国际贸易部（DIT）：《新闻发布：英国申请加入〈全面与进步跨太平洋伙伴关系协定〉》（Press Release: UK Applies to Join Huge Pacific Free Trade Area CPTPP），英国政府，2021年1月30日，访问时间：2021年4月13日，https://www.gov.uk/government/news/uk-applies-to-join-huge-pacific-free-trade-area-cptpp；赫米塔·巴蒂（Hemita Bhatti）：《〈区域全面经济伙伴关系协定〉这一贸易协定对企业意味着什么？》（RCEP: What Does This Trade Agreement Mean for Your Business?），英国工业联合会，2021年1月14日，https://www.cbi.org.uk/articles/rcep-what-does-this-trade-agreement-mean-for-your-business。

定》和东盟自由贸易区（FTZ）相互结合的方式打造"中心辐射"模式，下文将对此进行深入阐述。①

这种做法并不意味着英国公司计划撤出中国市场。英国寻求与一些国家签订贸易协议，认识到中国在推动相关国家经济发展中所发挥的作用后，英国企业认为拥抱多边主义能够提高其以中国为重点的供应链的弹性。事实上，在2020年年初接受调查时——此时新冠疫情对全球供应链的影响已经很明显——只有3%与中国有贸易往来的英国公司表示正在考虑将长期经营重点从中国市场转向其他市场。② 这一调查结果只是进一步论证了英国公司希望同时与中国和亚太其他地区增进贸易往来，而且它们明白，与中国的接触程度将影响与整个亚太地区的接触程度。

《区域全面经济伙伴关系协定》、《全面与进步跨太平洋伙伴关系协定》和东盟自贸区为英中贸易关系带来的机遇

过去10年来，《区域全面经济伙伴关系协定》、《全面与进步跨太平洋伙伴关系协定》和东盟自贸区的出现，为与中国进行贸易的英国公司在构建供应链、开展区域经济活动方面提供了诸多

---

① 英国国际贸易部（DIT）:《新闻发布：英国申请加入〈全面与进步跨太平洋伙伴关系协定〉》（Press Release: UK Applies to Join Huge Pacific Free Trade Area CPTPP），英国政府，2021年1月30日，访问时间：2021年4月13日，https://www.gov.uk/government/news/uk-applies-to-join-huge-pacific-free-trade-area-cptpp；赫米塔·巴蒂（Hemita Bhatti）:《〈区域全面经济伙伴关系协定〉：这一贸易协定对企业意味着什么？》（RCEP: What Does This Trade Agreement Mean for Your Business?），英国工业联合会，2021年1月14日，https://www.cbi.org.uk/articles/rcep-what-does-this-trade-agreement-mean-for-your-business/。

② 《新冠疫情对英国对华贸易的影响》（Impact of Covid-19 on British Trade with China），英中贸易协会，2020年，第2页，访问时间：2021年4月13日，https://www.cbbc.m-w.site/sites/default/files/2021-03/CBBC%20COVID%20survey%20report%209%20March.pdf。

商界领袖看中国：抓住广阔市场的发展新机遇

新选择。这些贸易协定覆盖了全球贸易的34%[1]，表明了"印太"地区对"脱欧"后的英国的重要性。但我们不能忽视中国在这一贸易关系中的作用，这就是许多英国跨国公司正在重新评估自身在澳大利亚、新西兰、日本和韩国的市场规模和辐射范围的原因，因为这些国家既是《区域全面经济伙伴关系协定》和《全面与进步跨太平洋伙伴关系协定》成员，又能够促进更加自由的对华贸易。

这种重叠并非巧合：《区域全面经济伙伴关系协定》和《全面与进步跨太平洋伙伴关系协定》都产生于东盟自贸区。据报道，《区域全面经济伙伴关系协定》的贸易谈判代表将该协定称为"订书机"，因为它将共同促进东盟自贸区发展的各种自贸协定联系在一起。[2] 考虑到《全面与进步跨太平洋伙伴关系协定》的条款比《区域全面经济伙伴关系协定》要宽松得多，虽然《区域全面经济伙伴关系协定》能否带来与《全面与进步跨太平洋伙伴关系协定》类似的收效尚无定论，但它确实在很大程度上弥补了推动东盟自贸区发展的各项贸易协定的不足。《区域全面经济伙伴关系协定》唯一新增的市场准入安排是日本和中国及日本和韩国之间的市场准入，因为只有这些国家此前尚未实施某种形式的优惠贸易安排。

英国近期刚结束与日本的自贸协定谈判，所以英国公司对《区域全面经济伙伴关系协定》条款下的中日贸易关系颇感兴趣。鉴于两个协定中宽松的原产地规则，英国公司可以根据《英日全

---

[1] 本文作者计算，参考了多米尼克·沃尔什文章：《RCEP：新贸易集团对"印太"地区和英国意味着什么》（RCEP: What the New Trade Bloc Means for the Indo-Pacific and the UK），政策交流（Policy Exchange），2020年12月4日，访问时间：2021年4月13日，https://policyexchange.org.uk/recp-what-the-new-trade-bloc-means-for-the-indo-pacific-and-the-uk。

[2] 同上。

面经济伙伴关系协定》的条款,将货物、服务和资本从英国转移到日本,然后再利用《区域全面经济伙伴关系协定》条款——特别是与关税重新归类有关的条款——将货物以优惠价格再次转移到中国市场,这并非不可想象。①

尽管如此,如果英国公司希望利用《全面与进步跨太平洋伙伴关系协定》或《区域全面经济伙伴关系协定》条款进入中国市场,那它们还有其他选择。英国跨国公司在新加坡和马来西亚有着很强的代表性,许多公司选择在新加坡设立亚太地区总部。《区域全面经济伙伴关系协定》承诺在该地区打造无缝供应链,这激励英国公司加强在这两个市场上的业务,因为它们将获得重要的报偿——优先进入中国市场和世界上增长最快的经济区域。值得一提的是,对英国跨国公司来说,《区域全面经济伙伴关系协定》和《全面与进步跨太平洋伙伴关系协定》的达成适逢其时。出于担心中美贸易紧张局势升级影响业务运营,许多英国公司正打算将面向非中国的区域业务从中国转移出去。②

英国企业考虑深化与更广泛的亚太地区的合作是明智之举,这不仅仅因为本地区的高增长率和美中贸易紧张局势等因素。亚太地区存在着两个相互竞争的贸易集团,这表明全球贸易中的区域主义日益增强,主要经济体之间在如何促进贸易方面存在着一定程度的分歧。这种分歧之所以重要有两个原因,企业必须认识

---

① 英国国际贸易部:《全面经济伙伴关系协议:章节摘要》(UK-Japan: An Agreement for a Comprehensive Economic Partnership: Summary of Chapters),英国政府,2020年11月30日,访问时间:2021年4月13日,https://www.gov.uk/government/publications/ukjapan-agreement-for-a-comprehensive-economic-partnership-cs-japan-no12020/ukjapan-agreement-for-a-comprehensive-economic-partnership-summary-of-chapters。

② 约书亚·库兰茨克(Joshua Kurlantzick):《RCEP的签署及其影响》(The RCEP Signing and Its Implications),外交关系委员会(Council on Foreign Relations),2020年11月16日,访问时间:2021年4月13日,https://www.cfr.org/blog/rcep-signing-and-its-implications。

到这两者的影响。

一方面，在这两个协议的条款下，亚太区域主义可能会对世贸组织的多边共识构成挑战。另一方面，中国似乎越来越有可能利用其在《区域全面经济伙伴关系协定》中的成员资格、"一带一路"倡议发起者的身份以及亚太经济活动推动者的地位，在制定全球贸易规则方面发挥更积极的作用。[①] 这两个因素都可能会给出口商带来一些影响，包括制造标准的制定、原产地规则框架的确定、关税的适用/不适用，以及各国在不久的将来向其他市场倾销商品的难易程度等方面。企业应随时准备好适应这些领域的任何变化，并确保能够在需要时做出有效的回应。

自由贸易的治理

中国加入了《区域全面经济伙伴关系协定》，英国有望加入《全面与进步跨太平洋伙伴关系协定》，在涉及制定全球贸易规则时，这在亚太地区呈现出一种有趣的动态。中英两国都表示希望在贸易治理领域发挥更大的作用。英国通过与美国、澳大利亚和日本自贸协定谈判的措辞表明了这一点；中国则通过推出《中国标准2035》等倡议表明了类似意图，该倡议旨在确保中国在可能推动未来市场发展的技术标准制定方面拥有更大发言权。

在多国呼吁对世贸组织进行改革的背景下，中英两国可以对亚太地区由各多边贸易集团组成的市场发挥引导作用，以确保

[①] 彼得·佩特里（Peter Petri）、迈克尔·普卢默（Michael Plummer）：《RCEP：一项将对全球经济和政治产生影响的新贸易协定》，布鲁金斯学会（Brookings Institute），2020年11月16日，访问时间：2020年4月13日，https://www.brookings.edu/blog/order-from-chaos/2020/11/16/rcep-a-new-trade-agreement-that-will-shape-global-economics-and-politics。

第一部分　宏观展望

统一贸易规则、强化贸易治理条款。中英的这种合作将极具说服力，尤其是考虑到中国已表示其可能也会加入《全面与进步跨太平洋伙伴关系协定》。

英国已采取措施，表明希望成为《全面与进步跨太平洋伙伴关系协定》中全球治理领域的主导力量。此外，英国还得到了日本的默许性支持，日本在该贸易集团内颇具影响力，在笔者撰写本文之际，日本正担任《全面与进步跨太平洋伙伴关系协定》轮值主席国。日本对英国的支持体现在英日两国在《英日全面经济伙伴关系协定》中达成了超出《全面与进步跨太平洋伙伴关系协定》条款的电子商务和数据传输条款。[1] 考虑到两国都将《英日全面经济伙伴关系协定》谈判视为加入《全面与进步跨太平洋伙伴关系协定》的"跳板"，可以推测，两国都计划利用《英日全面经济伙伴关系协定》中的强化条款来推动《全面与进步跨太平洋伙伴关系协定》成员国在商谈英国加入《全面与进步跨太平洋伙伴关系协定》时强化这些条款在其管辖领域的应用。[2]

中国还采取了措施，旨在提高自身在贸易谈判和规则制定方面作为一个高度称职的参与者的声誉。在易小准于2013年当选世贸组织副总干事后，中国不仅在世贸组织副总干事中占据了一席之地，还迅速与不同的经济体签署了一系列自贸协定，仅在过去10年间就完成了五项单独协议的谈判。显然，中国政策制定者将

---

[1] 森田·耶格尔（Minako Morita Jaeger）、约翰斯·艾尔（Yohannes Ayle）：《英日全面经济伙伴关系协定：对英国未来贸易协定的启迪》（The UK-Japan Comprehensive Economic Partnership Agreement: Lessons for the UK's Future Trade Agreements），英国贸易政策观察中心（UK Trade Policy Observatory），2020年12月，访问时间：2020年4月13日，https://blogs.sussex.ac.uk/uktpo/files/2020/12/BP50Dec.pdf。

[2] 利兹·特鲁斯（Liz Truss）：《英国与日本的谈判方式》（Statement: UK's Approach to Negotiations with Japan），2020年5月13日，访问时间：2021年4月13日，https://questions-statements.parliament.uk/written-statements/detail/2020-05-13/hcws231。

提高国家在贸易谈判和治理方面的能力视为重中之重,诸如《中国标准2035》等倡议只不过再次证实了这一点。

无独有偶,英国在发展自身在这些领域的能力方面与中国步伐一致,这种巧合在亚太地区的发展中也得其所用。一方面是中国——作为区域经济增长的引擎——是《区域全面经济伙伴关系协定》的成员,但不是《全面与进步跨太平洋伙伴关系协定》的成员;另一方面是英国——作为一个规模较小的区域投资主体——却能够向该区域内目前尚不成熟但将在推动区域整体经济发展中发挥关键作用的行业提供高质量投资,如金融服务业。因此,英中联手,确实称得上是强强联合。

简而言之,英中两国具有成为完美合作伙伴的潜力。中国已迅速积累了监管数字金融和移动支付等"未来技术"的经验。而英国在制定监管制度以维护整个商业环境的法治规范方面经验丰富,尤其是就反垄断和反竞争立法而言。有效地监管未来经济需要两国携手同行,而且将推动未来经济发展的行业正在整个亚太地区蓬勃兴起。

结　语

如果在《全面与进步跨太平洋伙伴关系协定》和《区域全面经济伙伴关系协定》目标一致,那么英中两国将在全球贸易中成为一对强大的组合。与其说是巧合,不如说是有迹象表明两国经济发展的轨迹将改善英中企业在亚太地区的市场准入现状,并促进两国贸易治理条款的改善。英国表示希望成为制定全球贸易规则的主要参与者,中国则表示希望为未来的行业制定行业标准,而且两国都希望能够与占全球贸易约30%的两大贸易集团(《区域全面经济伙伴关系协定》和《全面与进步跨太平洋伙伴关系协定》)开展合作,这意味着两国贸易谈判代表似乎将不可避免地在某一时刻出现在某种形式的谈判桌上。虽然达成双边贸易协议看似任重道远,但两国可能会发现双方能够在亚太地区的多边贸易框架内推进双边贸易关系。

商界领袖看中国：抓住广阔市场的发展新机遇

明确且持续有效的改革政策将为在华法国公司营造积极的环境

〔法〕乐睿思

乐睿思,中国法国工商会会长,雅高酒店集团大中华区高级运营副总裁。他于1967年出生在法国,曾在第戎学习酒店管理,后赴英国开始其职业生涯。他于1989年加入雅高酒店集团,先后在新喀里多尼亚、印度尼西亚、印度和中国工作。在加入雅高上海总部前,他管理并开设了雅高旗下多家旗舰酒店。他自2000年来华,迄今已为中国法国工商会服务了15年以上。

一方面，自2001年12月加入世贸组织以来，中国的营商环境越来越有利于中外企业的合作与外国投资。另一方面，中国政府明确提出了要推动发展国家技术主权，并制定了在未来5—10年内建设全国工业领域龙头企业的目标，因此商业竞争变得更加激烈。此外，监管力度的加强也在一定程度上改变了过去对外资企业大加欢迎的局面。在这样的大背景下，为了有效地开展业务，外企需要不断地展现其独特的价值取向，从而实现在中国的可持续发展。

中国的商业机制更加灵活、市场开放度更高

近年来，外企进入中国市场的所有条件都得到了持续和极大的改善。中国最近发布的另一套关于优化营商环境的法规[①]自然也受到了外国的高度赞赏。这些规定旨在为所有市场主体提供平等的保护，确保其能够平等地利用所有生产要素并依法享受政府的扶持政策。这些法规还明确了关于加快企业注册流程、享有平等的市场准入权利、扎实落实减税降费政策、缓解融资困难等方面的规定，并具体描述了一些值得努力的方向——削减繁文缛节、简化行政审批流程、改进监督和行政执法程序等。

有趣的是，当世界上许多国家和地区在试图加强对外国投资的控制时，中国却在2020年6月底决定使其监管机制更加灵活，扩大吸引外国投资的行业/领域的数量。这一决定对许多公司来说是个巨大的好消息，尤其是对一些关键的行业而言：

——在交通领域，禁止外国投资空中交通管制的条例已被取

---

① 即2019年10月8日国务院第66次常务会议通过的《优化营商环境条例》，自2020年1月1日起施行。

消，关于进入民用机场的条例已得到调整。

——在金融领域，外国实体如今能够持有保险公司的全部资本，对经纪公司、评级机构、财富管理公司或基金的限制也已降低。

——在基础设施领域，规定居住人口超过50万的城市的供水系统必须由中国实体控制的规则不再具有强制性。

我们还注意到，核燃料加工、农业研发和高等教育被列为其他符合条件的外国投资领域。

此外，2020年1月1日起《中华人民共和国外商投资法》及《中华人民共和国外商投资法实施条例》实施，之前的《中华人民共和国外资企业法》《中华人民共和国中外合资经营企业法》《中华人民共和国中外合作经营企业法》废止。根据新的法规，经过5年的过渡期之后，中国和外国公司将享有单一同等地位，此举表明了中国政府部门为在华经营的公司提供更加公平的待遇的强烈意愿。

就多边关系而言，中欧正在加强交流，最近谈判完成的中欧投资协定为欧洲投资者创造了一个雄心勃勃的开放和公平的竞争环境。①

在该协定中，就欧盟企业的市场准入条件而言，中国在制造业领域做出了重大承诺，而制造业是欧盟对华投资的最重要领域。制造业占欧盟总投资的一半以上，包括电动汽车、化学品、电信设备和卫生设备的生产等，其中汽车行业占28%，基础材料行业占22%。

中国还承诺允许欧盟对云服务、金融服务、私人医疗、环境

---

① 2020年12月30日，中欧领导人共同宣布如期完成中欧投资协定谈判，2021年5月20日，欧洲议会通过了冻结中欧投资协定的议案。——译者注

服务、国际海运和航空运输相关服务等领域进行投资。

在所涵盖的行业中，如果协定条款得到确认和应用，法国和欧洲企业的业务将获得确定性和可预测性，因为中国将不再禁止相关企业进入中国市场。

同样如果该协定被确认，该协定将通过对中国国有企业、政府补贴透明度、禁止强制技术转让和其他行为制定非常明确的规则，为欧盟投资者提供公平的竞争环境。该协定还提供了一些保证，使欧洲公司更容易获得授权，完成行政程序，并确保欧洲公司能够进入中国的标准制定机构。

此外，中欧投资协定还对环境问题做出了承诺，这可谓一个意外收获，更是一个极大的好消息。该协定将使双方形成以可持续发展原则为基础的价值投资关系。这是中国首次与一个贸易伙伴达成如此雄心勃勃的协定。

中国也在劳工权益和环境保护领域做出承诺，如不为吸引投资而降低保护标准，切实履行自身的国际义务，以及促进企业开展负责任的商业行为。中国还同意有效执行关于气候变化的《巴黎协定》及其所批准的国际劳工公约。中国还同意持续不断地努力，争取批准国际劳工组织关于强迫劳动的基本公约。

与其他贸易协定一样，这些可持续发展目标将受到由独立专家小组组成的可靠执行机制的制约，这意味着双方将在民间社会的参与下透明地解决分歧。这对专注于回收及循环利用、清洁能源和生态城市建设的法国公司来说可谓一个好消息，因为这些公司往往是各自领域的领跑者，能够在中国的可持续发展和合规之路上提供诸多帮助。此类协定是双方期盼已久的成果，更有望成为双方不断加强合作关系中的第一个里程碑。

向前推进的全面战略

在这种框架下，外企应采取何种策略来适应新的竞争环境，并保持与未来5年经济和技术的快速增长相适应？

首先，外企必须确保自身的价值理念无可争议且极具竞争力。无论是产品的技术独特性还是品牌资产的力量，这些附加值和独特卖点的展示必须保持强劲的优势，紧跟时代。这意味着大多数企业的投资必须投向研发，注重实施培养创造力的举措，以及招聘最优秀的人才，从而使最终产品对中国的发展新需求具有不可否认的吸引力。

其次，明智的合作将是任何企业长期发展战略的关键。对许多行业而言，一个可行且开明的举措是，确保其产品或服务成为整个发展过程中不可或缺的一部分，从而确保其产品与中国经济发展的画卷交织在一起。这意味着要找到最合适的商业伙伴，这么做也有助于解决监管环境趋严产生的相关问题。

作为公司，应经常扪心自问的第一个问题是：哪些行业对产业改革者而言最为重要？我是否为其中之一？大家知道，医疗保健、食品和化学品行业会受到中国监管机构大量检查。

为了找到正确的合作伙伴，可以成立一个专门团队，其成员包括有实践经验的专业顾问和经纪人，以寻找合适的目标，这么做可能会奏效。该团队的主要职责将包括研究分析市场参与者、会见利益相关方和官员，以及建立联系和商讨交易。因此，了解中国的商业文化和礼节将有助于充分利用这些机会。

在中国寻找合作伙伴时，企业需要提前考虑交易完成后可能出现的问题，如本地人才的招聘、管理和保留，以及建立灵活且适应性强的商业模式。企业应该寻找拥有足够经验、熟悉当地消费者和行业细分差异的合作伙伴，以了解如何将想法付诸实践。最重要的是，这些合作伙伴应该拥有与自身互补的资源和关系。当然，结盟也会带来一定的风险，所以信任和定期沟通的重要性再怎么强调都不为过。

新冠疫情的影响

谈到优化中国当前的营商环境，必须提及2020年冬天暴发的一场公共卫生危机。对世界各国而言，新冠疫情危机都是一个历史性挑战。当然，它对在华外企产生了极大影响，尤其是在人力资源和组织实践方面。

一个良好的营商环境应该始终以确保所有企业家的绝对安全感为出发点，对此，中国法国工商会认为中国应对这场疫情的举动绝对是了不起的。中国疫情防控的力度、防控举措的弹性和人性化，以及政府在疫情期间实施的一系列支持和缓解民众压力的举措，都得到了法国商界的高度赞赏，并促进了中国经济的快速和明显复苏。所有这一切带给企业家们的只有信任感，同时也向各地投资者发出了一个极其令人鼓舞的信号。当然，这场健康危机随后将在许多领域产生周期性影响，但疫情的影响终将消失。

我们注意到，随着中国技术和数字化转型速度的不断加快，许多行业目前发展势头迅猛，并且在未来几年内这一势头仍将保持下去。基于这一背景，在可持续城市发展、清洁能源、智能城市、交通与服务、金融服务、医疗技术、老年服务等行业发展得较为成熟的法国企业已成为中国强有力的合作伙伴，并且一定会继续为中国经济社会的发展贡献自己的一份力量。

即便在具体实施中仍存在一定的问题，但中国政府部门承诺创造一个更有利于外企的营商环境，因此法国和欧洲公司仍有许多机会。

关于新冠疫情危机的谈论已经连篇累牍，"史无前例"和"新常态"这两个词也被用了无数次，但若只用"关键"来形容2021年对中国乃至全球经济的重要性仍显得轻描淡写。

庆祝取得的成就并展望未来

回首2020年，首先，我们应该对自身在极具挑战性的情况下取得的成就感到非常自豪。面对这一严峻考验，我们的在华企业家们清楚地展示了自身的韧性、创造力和敏捷性。我们看到，在华法国企业迅速发展，以适应不断变化的市场格局，因此我们相信，毫无疑问，它们将继续适应中国的经济新模式，同时积极跟随中国的转型脚步。在这些问题上，中国法国工商会一直并将继续充分动员起来，为企业界提供最佳服务平台，满足法国企业的需求，促进其可持续发展。

事实上，2020年新冠疫情的暴发表明了这样一个事实：外国企业比以往任何时候都更需要商会等机构平台的支持。疫情期间，中国法国工商会保持所有沟通渠道畅通，帮助企业和个人解决具体问题，并在危机中提供急需的资源和凝聚力量，发挥了重大作用。

在推动疫情期间经济复苏的进程中，商会同样发挥了关键作用，因为我们很早就开展了多个行业活动，帮助企业制定未来的战略，充分利用后疫情时代经济重启的机遇。

"复苏"一词也许会被频繁使用，若真如此，我们相信大家都会心存感激。希望未来一年将是企业、国家和社会能够以最佳方式回归正常运营的一年。

　　全球经济复苏始于中国，我们已经看到了这一点。在一个对外国投资更加开放的市场中，跨国公司和中小企业将从反弹效应中受益。尽管中国在促进外企在华发展方面还有需要改进之处，但我们相信，这次疫情危机过去之后，法中两国将继续保持牢固的伙伴关系，并充分利用崭新和充满希望的前景以促进多边共享的经济繁荣。

商界领袖看中国：抓住广阔市场的发展新机遇

中国在巴西和拉丁美洲的投资不断增加

〔巴西〕路易斯·奥古斯托·德·卡斯特罗·内维斯
〔巴西〕图利奥·卡里埃洛

　　路易斯·奥古斯托·德·卡斯特罗·内维斯，巴中企业家委员会巴方主席，曾任巴西驻日本、中国和巴拉圭大使。他曾在巴西外交部担任外交事务助理秘书长兼美洲事务总干事，并曾出任国家安全委员会办公室经济事务副主任兼巴西总统府战略事务执行秘书。内维斯是巴西国际关系研究中心（CEBRI）前主席，现任名誉副主席。他获得了伦敦大学学院经济学硕士学位。

　　图利奥·卡里埃洛是巴中企业家委员会内容和研究主任，曾出版多部有关中国在巴西投资的著作，包括《2018年度中国在巴西的投资：全球视角下的巴西框架》等，也曾撰写关于在华贸易和投资机会的研究报告。他毕业于里约热内卢天主教大学国际关系学院国际关系专业，2018年曾参加重庆师范大学举办的青年汉学家项目。

21世纪开启了中国与拉丁美洲关系的新篇章，中国在该地区的投资规模日益增长。自20世纪90年代以来，持续扩大的双边贸易已显示出双方经济之间的互补性，大量商品（矿物、石油和天然气以及农业综合产品）流向中国，以换取工业产品和生产投入品。

伴随着2001年中国加入世贸组织，中国企业开始走向海外，拉美成为中国企业的潜在投资目的地。2007年至2018年，拉美地区获得了约1150亿美元来自中国的投资，主要集中在双边贸易中的成熟行业，如自然资源勘探、能源和农业。

巴中企业家委员会的数据显示，截至2020年，巴西获得了中国在拉美投资总额的一半以上——约660亿美元，其中约3/4的投资流向能源领域，由国家电网、中国三峡、中石化、中石油和中海油等中国国企主导。在投资主要流向电力及石油勘探领域的同时，中国也在采矿业、基础设施、农业、工业和信息技术等领域进行了投资，中国工商银行、中国建设银行和中国银行等中国主要银行也在巴西开展了业务。

相比之下，巴西在华投资则非常有限。尽管中国是巴西出口的主要目的地（约占巴西出口总额的32%），但巴西商人迄今一直对利用中国市场上的众多机会十分犹豫。因此，就投资而言，人们可以发现巴中双边投资具有很大不对称性。

然而，中国在巴西和拉美其他地区的投资正面临着一些障碍，如民族主义抬头、中美争端及新冠疫情所引发的若干地缘政治挑战。新冠疫情危机导致2020年外国直接投资急剧下降，全球外国直接投资流量从2019年的1.5万亿美元降至1万亿美元，同比下降33%，这比全球金融危机后的2009年的低点还要低近20%。

中国在对外投资方面一直非常谨慎，尤其是经历了2016年的资本外流之后。中国也受到具有挑战性的全球形势的影响，自2017年以来，中国的海外非金融类投资的价值连续下降。与中国在国际体系中的其他相关伙伴一样，巴西在这场危机中也未能幸免，2020年国内投资价值下降了74%。

中国在拉丁美洲和加勒比地区的投资

2015年，在中国–拉共体论坛期间，习近平主席表示，中国将在未来10年内对拉美地区投资约2500亿美元。事实上，根据中国全球投资追踪（CGIT）的数据，在2007年至2018年，中国已在拉丁美洲和加勒比地区投资了约1150亿美元。

尽管如此，中国在拉美和加勒比地区的投资流量在2017年至2018年急剧下降。事实上，波士顿大学全球发展政策研究中心（GDP中心）[1]汇编的数据显示同比下降了58%。这是自2010年以来的最大降幅，尽管在此期间该地区投资下降的不规则强度比较高，如图1所示。

---

[1] 来自中国的投资统计口径覆盖来自中国香港、中国台湾和中国澳门的投资。

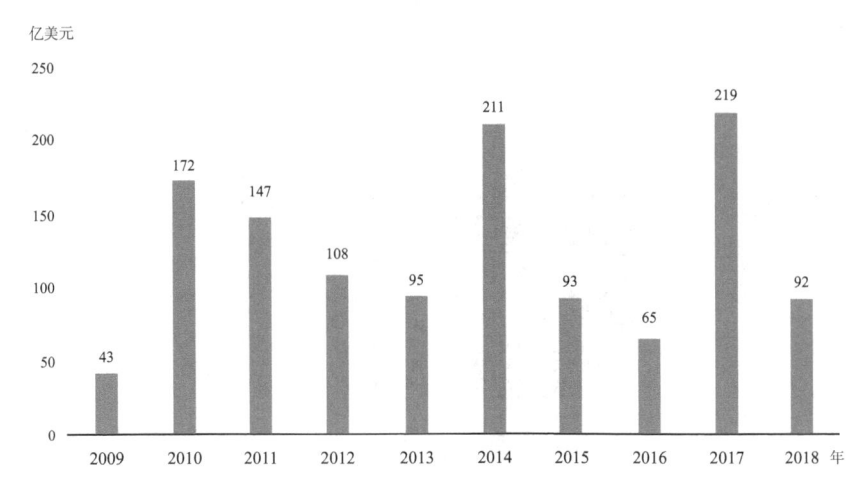

图1　2009—2018年中国在拉丁美洲和加勒比地区的投资流量

资料来源：波士顿大学全球发展政策研究中心汇编DeaLogic和金融时报数据，巴中企业家委员会制图。

在此背景下，全球发展政策研究中心的调查数据还显示，2017年至2018年的投资下降同样反映在中国对拉美和加勒比地区的主要投资形式上：绿地投资从44亿美元下降至16亿美元，降幅达64%；并购从2017年创纪录的175亿美元下降至2018年的76亿美元，降幅为57%。

《中国全球投资追踪报告》收集的最新数据（尤其是针对南美的数据）证实，自2010年以来，中国的投资一直在不规则地流动，2016年至2020年几乎持续下降，仅在2017年至2018年间实现了增长。

即使中国降低了对海外投资的需求，但独立消息来源显示，巴西仍是中国在拉美和加勒比地区投资的明显重心。根据图2，2007年至2018年，中国在该地区的投资实际上有近一半流向了巴西，这一投资比例远高于对秘鲁的投资，后者以19%的比例位

商界领袖看中国：抓住广阔市场的发展新机遇

居第二。

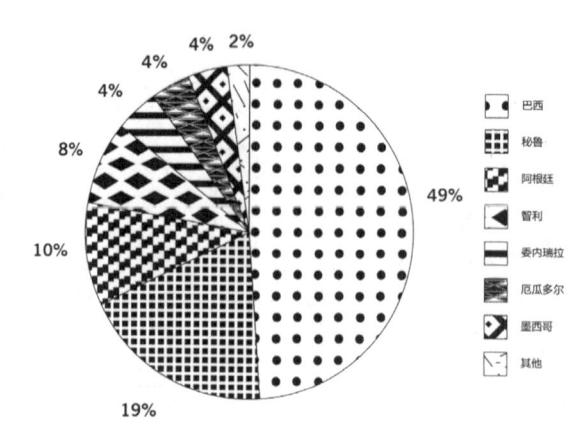

图2　2007—2018年中国在拉丁美洲和加勒比地区部分国家的投资存量

资料来源：《中国全球投资追踪报告》，巴中企业家委员会制图。

同样，拉美和加勒比地区中国学术网（Red LAC-China）汇编的数据也证实：中国在该地区最大的投资接受国是巴西和秘鲁，分别为485亿美元和157亿美元。

从行业角度来看，2007年至2018年，中国在拉美和加勒比地区的投资主要针对能源行业（尤其是水电和石油领域），占对该地区总投资的53%；采矿业占总投资的30%；其次是农业（5%）、交通（4%）、金融（3%）和化工（2%）行业。

2007年至2018年，巴西吸引了该地区10宗能源投资中的7宗，而阿根廷吸引了2宗，秘鲁吸引了1宗，如表1所示。

表1　2007—2018年中国在拉美和加勒比地区的主要能源投资情况

年份	投资者	投资伙伴/接受者	接受国	投资额/亿美元
2010	中石化	雷普索尔公司（Repsol）	巴西	71
2016	国家电网	CPFL电力公司	巴西	49.1
2011	中石化	加尔普能源公司（Galp）	巴西	48
2016	中国三峡	—	巴西	36.6
2017	国家电网	CPFL电力公司	巴西	34.4
2010	中海油	布里达斯公司（Bridas）	阿根廷	31
2010	中化集团	挪威国家石油公司巴西业务（Statoil）	巴西	30.7
2013	中石油	巴西国家石油公司（Petrobras）	秘鲁	28.9
2010	中石化	西方石油公司（Occidental）	阿根廷	24.7
2017	国家电投	—	巴西	22.6

资料来源：《中国全球投资追踪报告》，巴中企业家委员会制表。

鉴于巴西在此期间获得了中国在该地区投资总额的近一半，且能源行业在对该国的总投资中占比较大，我们必须认识到，如果忽视对巴西的投资，中国在拉美和加勒比地区的整体投资框架将发生重大变化。

当我们忽略在巴西的投资时，会发现能源行业仍是一个重要领域，占总投资额的36%。显然，采矿业是近年来中国投资者最感兴趣的行业。2007年至2018年间，采矿业占投资总额的51%（按总价值计算）。在此期间，中国五矿、国新国际、中信与嘉能可联合收购秘鲁拉斯邦巴斯铜矿（Las Bambas），交易总额约为100亿美元，[①] 成为中国在矿业领域最大的海外并购案之一。紧随采矿和能源行业之后的是在农业（4%）、运输业（3%）

[①] 据中国政府网，中国五矿联合体完成了对拉斯邦巴斯铜矿的收购，该项目最终交割支付金额为70.05亿美元，参见《中国五矿等正式接手全球最大在建铜矿》，www.gov.cn/xinwen/2014-08/01/content_2728465.htm，2014年8月1日。——编者注

和其他行业（6%）的投资，个体投资者参与较少。

《中国全球投资追踪报告》显示，就中国在拉美和加勒比国家的采矿业投资而言，秘鲁明显地吸引了中国在该地区投资的多数份额，占中国在该地区总投资的54%；其次是智利，占比18%；巴西占比12%；厄瓜多尔占比11%。

如表2所示，秘鲁吸引了中国在该地区10宗最大投资中的5宗，智利和巴西则分别获得了2宗投资，厄瓜多尔获得了1宗投资。

表2　2007—2018年中国在拉美和加勒比地区采矿业的主要投资

年份	投资者	投资伙伴/接受者	接受国	投资额/亿美元
2014	五矿集团、苏州国信、中信集团	嘉能可（Glencore）	秘鲁	69.9
2018	成都天齐	智利化工矿业（Sociedad quimicay minera）	智利	40.7
2010	五矿集团、苏州国信、中信集团	—	秘鲁	25
2018	中融新大	邦沟铁矿（Pampa de pongo）	秘鲁	23.6
2008	中国铝业集团	—	秘鲁	21.6
2014	中国铁建、中国有色矿业集团	米拉多铜矿（Mirador）	厄瓜多尔	20.4
2011	太原钢铁、中信集团、宝钢	巴西矿冶公司（CBMM）	巴西	19.5
2010	顺德日新、五矿集团	—	智利	19.1
2018	中国铝业集团	—	秘鲁	13
2010	华东矿产勘查开发管理局	伊塔米纳斯铁矿（Bernardo de mello itaminas）	巴西	12

资料来源：《中国全球投资追踪报告》，巴中企业家委员会制表。

第一部分　宏观展望

中国在巴西的投资

如上所述，中国企业的国际化进程也考虑到了地缘政治变量，至少就南美洲而言，这一变量不容忽视。在这种情况下，巴西成为该地区的一个焦点。最近的历史表明，美国在该地区具有压倒性的影响力，尤其是在冷战时期。随着意识形态分歧的相对淡化，美国外交政策的着眼点转向了恐怖主义、移民问题、中国崛起及其对国际关系的多重影响等新问题。这在一定程度上导致了美国外交政策中对该地区重视程度相对降低。考虑到中国在国际舞台上不断扩大的影响力，美国的这一举动为中国提供了相应的空间。

中巴关系在21世纪前10年迎来了新的发展机遇。随着双边贸易的爆发性增长以及中国投资在双边关系中的重要性日益增长，双边议程变得更为复杂。

在商业领域，中国在21世纪初盛行的发展模式为巴西带来了一个巨大的机会窗口，强化了双边经济的互补性，这促使双边贸易实现了几乎不间断的增长，而巴西的铁矿石、大豆和原油出口在这一过程中起到了巨大的拉动作用。

如图3所示，2009年，中国首次超过美国成为巴西第一大出口目的地国家，这一现象一直持续至今。巴西对华销售规模的扩大十分显著，2020年销售额高达677亿美元，占巴西出口总额的1/3。两国贸易总额达到创纪录的1010亿美元，这是巴西与单一国家对外贸易额首次超过1000亿美元。

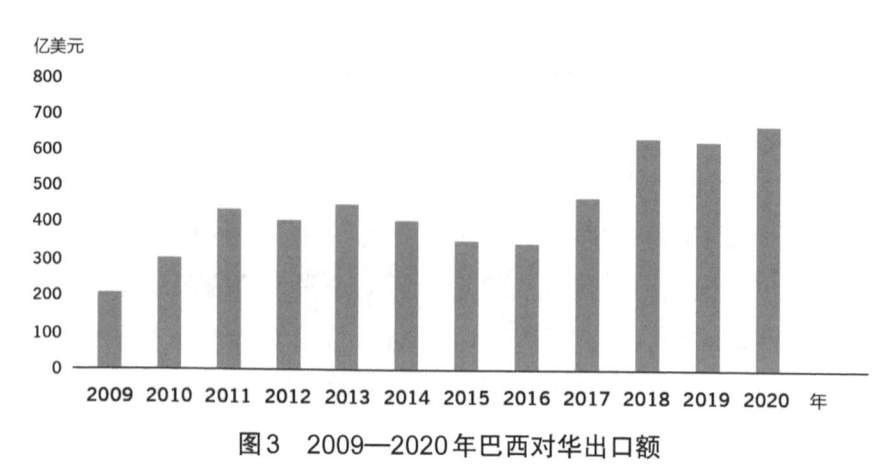

商界领袖看中国：抓住广阔市场的发展新机遇

图3　2009—2020年巴西对华出口额

资料来源：巴西经济部，巴中企业家委员会制图。

巴中企业家委员会的数据显示，在2007年至2020年，130家中国公司在巴西投资了242个项目，投资总额约1107亿美元。在这些项目中，有177个项目已落地实施，使中国在巴西的投资存量增至661亿美元。尽管《中国全球投资追踪报告》只对1亿美元以上的投资进行衡量，但报告显示，中国在巴西的投资存量约为606亿美元，与巴中企业家委员会的数据相差不大。从全球范围来看，现有数据表明，2005年至2020年，巴西是中国投资的第五大接受国，仅次于美国、澳大利亚、英国和瑞士。

巴西经济部的数据显示，在2010年至2019年，中美两国一直是巴西第一或第二大直接投资者。然而，文化差异以及与巴西复杂的商业环境有关的问题——尤其是在税收和监管领域——并未使中国投资者止步。10年来，除美国外，中国在巴西的投资超过了历史上任何其他国家对该国的投资。

中国对巴西的投资具有不规则的特点，并未显示出明确的趋势。2010年，中国对巴西的投资规模最大，接近130亿美元。许多人认为，2010年是中国企业"发现"巴西的一年，此后，中国在多个领域对巴西经济表现出兴趣。

2010年大规模投资之后至2014年之前，中国对巴西的投资一直呈下降趋势，2014年至2017年呈现持续增长状态。在最近的几年中，中国对巴西投资的变化如图4所示。应该指出的是，由于新冠疫情的暴发，2020年的情况极为特殊。

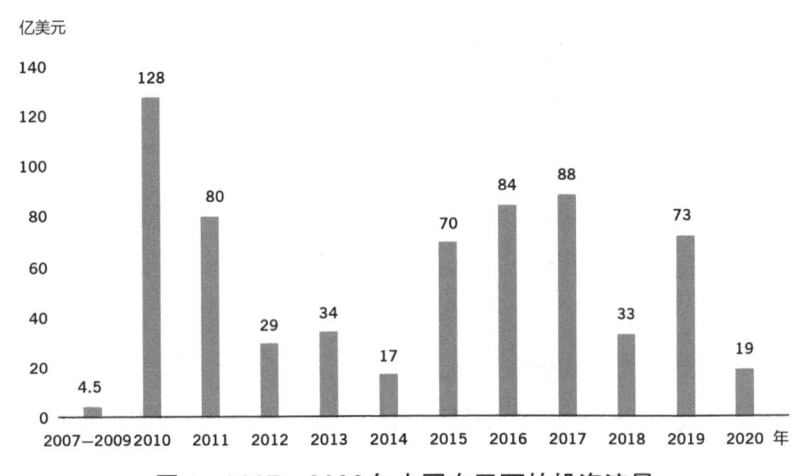

图4　2007—2020年中国在巴西的投资流量

资料来源：巴中企业家委员会。

图5显示了中国在巴西投资的行业分布。电力行业几乎占了一半的投资——国家电网和中国三峡集团是主要投资者，它们的大部分海外资产都集中在巴西。石油和天然气行业是第二重要的行业，中石化、中石油、中海油和中化集团已经在巴西建立了业务。第三重要的行业是采矿业，以武汉钢铁集团以及由中信集团、鞍山钢铁、首钢和太原钢铁组成的联营企业为代表，该联营企业持有巴西矿冶公司（一家主要从事铌勘探等活动的巴西公司）15%的股份。最近，中国钼业集团有限公司收购了英美资源集团

的资产。在工业领域，还值得一提的是，比亚迪、格力、美的、奇瑞、三一、徐工和柳工等中国企业的影响力不断增强。

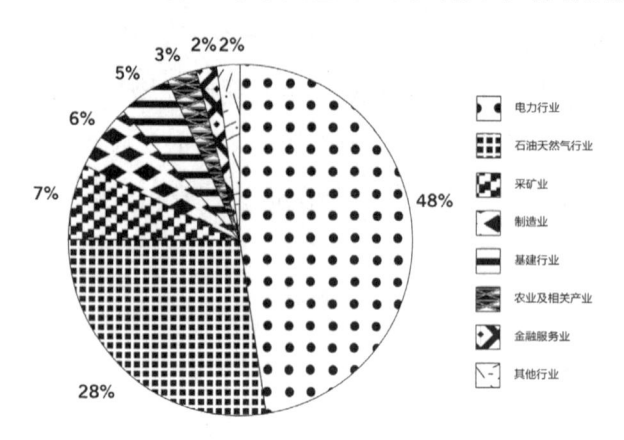

图5　2007—2020年中国在巴西投资的行业分布

资料来源：巴中企业家委员会。

中国还对重要的基础设施项目进行了投资，代表企业有招商局港口控股有限公司、中国交通建设股份有限公司和中国中铁二十局集团。

人们还应注意这样一个事实，中国对巴西农业领域的投资占比3%，考虑到巴西农业领域的巨大潜力，这一比例相对较低。当然，两国在农业领域的巨大互补性能够对中国企业形成吸引，因为巴西对亚洲的出口很大程度上依赖农产品。巴西官方数据显示，巴西对华农产品出口占比已从2010年占巴西对华出口总额的35%跃升至2020年的50%。中粮集团、泰达集团和隆平高科已在巴西农业领域进行了大量投资。

随着中国对巴西经济影响的日益增长，中国金融部门也逐渐扩大了在巴西的业务。中国银行早在1998年便在巴西设立了代表处，2009年正式成立中国银行（巴西）有限公司。该公司为中国银行在巴西第一家授权经营的金融机构。

自2012年起，其他中资银行也通过直接投资或收购当地银行的方式进军巴西市场，值得一提的是中国工商银行（巴西）有限公司的成立、交通银行收购BBM银行、中国建设银行收购Bic银行。此外，中国对在巴西设有分支机构的外国银行的收购也扩大了中资银行在巴西的市场，如海通证券对圣灵投资银行的收购。

项目数量呈现出多样化的局面。对电力行业的投资在项目总数中占比最大，占已确认项目的1/3以上。然而，人们也应注意到产业部门投资的增长。对该领域的投资占项目总数的28%，位列第二。

如果以投资额计而非项目数量计，一些行业在已确认项目投资总额中的占比仍相对可观，如农业和石油开采各占7%，金融服务占6%。同样值得一提的还有信息技术领域的一些举措，如移动出行平台滴滴出行收购了巴西本土出行平台99，腾讯对拉美最大的金融科技公司Nubank进行了投资。

巴西在华投资

相较而言，巴西在中国的投资要比中国在巴西的投资少得多。首先，这主要是由于巴西人难以适应中国市场的文化和消费习惯，并且巴西在接受外国品牌方面相对开放；其次，中国政府在2000年后实施"走出去"战略，以提升适应外国市场的能力；最后，一个现实是，大多数巴西公司并没有以在全球市场建立自己的品牌为目标，制定"走出去"的战略议程。

近年来，巴西的对华投资规模并未改变。巴西中央银行的数据显示，2007年至2015年，巴西企业对华投资额为2.91亿美元，尚不足外国对华投资总额的1%。另一方面，中国商务部的官方数据显示，同期，巴西在华累计投资达到5.08亿美元。然而，应当指出，由于资本流入和流出登记的不对等，两国间的部分投资可能不会出现在官方数据统计中，因为这些资本流入和流出往往被视为来自第三国。

巴西在华的少量投资表明，相对而言，巴西企业对中国成为世界上最大、充满活力的消费市场之一以及重要创新者的转型未加注意。

巴中企业家委员会拥有84家巴西在华企业的记录，其中包括相关企业生产单位、代表处或分支机构的记录。这些公司按其业务活动可分为三大领域——服务提供商、制造商和自然资源加工者，如图6所示。

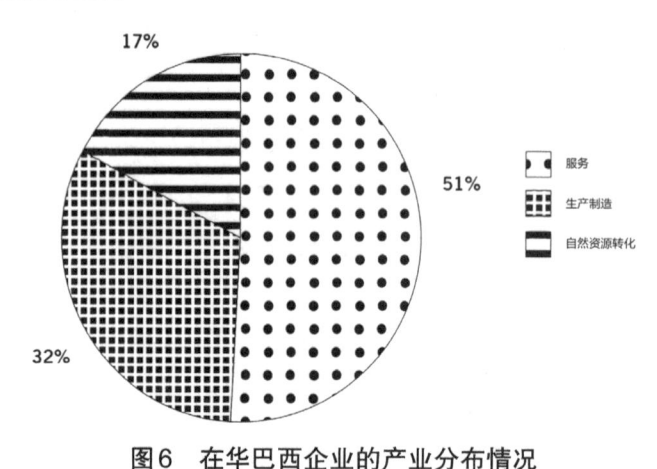

图6　在华巴西企业的产业分布情况

资料来源：巴中企业家委员会，巴中论坛（Brazil-China Forum）。

巴西企业在华开展的业务活动包括咨询、采购、分销和销售、贸易、工业生产、金融服务、代理、市场研究、自然资源开采和营销。咨询、贸易、分销和销售以及采购占巴西在华总业务量的70%左右，这表明巴西企业在华的作用相对有限。

受经济特区的吸引，大多数巴西在华企业都位于中国沿海地区及附近省份，这些地区是外国投资的主要中心。同时，由于靠近主要城市中心和商业中心，这些地区还享有基础设施和高素质劳动力方面的优势。

中国海外投资发展历程

自21世纪初起，中国正式开始推动中国企业走向全球。2001年，当中国加入世贸组织时，国务院总理朱镕基表示，中国政府应实施"走出去"战略，鼓励具有比较优势的企业到国外投资，重点是与当地合作伙伴共同开发自然资源，参与工程项目，提高中国劳动力在国际上的影响力。中国领导层还试图为在海外设立中国公司创造有利条件，同时也认识到了需要对这些投资进行监管，以避免国有资产流失。

自2003年起，在政府的支持下，中国的海外投资开始了稳定增长的新进程。到2015年，非金融类投资额连续13年呈增长趋势，年均增长33.6%。为了开拓新的消费市场，资本流出的动机逐渐多样化，具体包括扩大海外生产线、收购有竞争力的品牌和获取新技术。同样，中国投资进入其他国家的方式也更加多样化，包括开展绿地项目、实施兼并和收购以及开办合资企业等。

经过多年的快速增长，2016年，中国对外非金融类投资创下了1812.3亿美元的纪录，比上年增长49.3%，项目涉及164个国家和地区的7961家企业。这是中国对外投资流量首次超过外国在华投资流量。

2016年中国资本外流的高涨局面引起了中国政府的关注，政府部门发现了大规模资本流出用于海外风险投资。鉴于此，2016年11月，中国政府加强了对海外投资的管控，2017年8月，国家发改委制定了关于进一步引导和规范境外投资的相关条例。

这些措施导致了2017年中国对海外投资额在数十年来首次减少。2017年，中国对外投资流量下降了23%，降至1395亿美元（见图7）。同期，中方参与经营的外企数量减少到6236家，比前一年下降了22%。中国政府还做企业的工作，倡导其出售海外资产，这部分削弱了其全球影响力。更重要的是，政府还降低了金融体系的流动性，从而限制了海外投资的融资渠道。

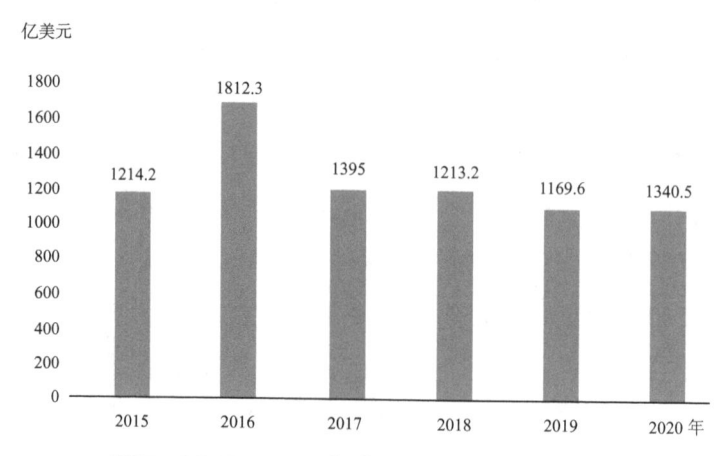

图7 2015—2020年中国非金融类海外投资

资料来源：中华人民共和国商务部。

在这种情况下，中国企业的海外并购受到的影响尤为明显。2016年，中国参与了724个项目，投资额达1070亿美元。2017

年，中国投资项目数量下降至341个，降幅达53%；投资额降至960亿美元，降幅为10%；中国开展业务的国家和地区数量从73个下降至49个，下降了33%。2018年，中国商务部指出，非理性投资已得到有效遏制。

2017年之后，中国的海外投资开始出现停滞和下降的趋势。据中国商务部统计，中国非金融类投资额保持在1200亿美元左右，边际增长率为0.3%。2018年，中国非金融类投资比例下降了8.2%，降至1100亿美元；2020年，非金融类投资额几乎与2018年持平，小幅下降了0.4%，联合国贸发会议（UNCTAD）在2020年的一项研究得出了类似结果。[①]

中央政府实施的新限制确实导致了中国海外投资的下降，但这并非唯一的因素，地缘政治环境和新冠疫情造成的影响同样不可忽视。2018年，美国总统唐纳德·特朗普挑起的贸易摩擦进一步扩大了两国的争端范围，包括新技术和在国际体系中的影响力之争等问题。在投资方面，美国还限制中国企业进入美国市场，澳大利亚和一些欧洲国家等中国重要的经济伙伴也效仿了美国的这一行为。

虽然我们说近年来中国的海外投资有所下降或停滞，但外国在华投资情况却并非如此。2020年疫情期间，全球外国直接投资下降了35%，但中国吸引的外国投资却比2019年增加了5.7%，达到1490亿美元，尤其是在医药和信息技术领域。[②] 2020年，美国吸引的外国投资额达1560亿美元，保持了领先地位，但比上一

---

① 根据《2017年度中国对外直接投资统计公报》《2018年度中国对外直接投资统计公报》《2020年度中国对外直接投资统计公报》，2017年度中国非金融类对外投资额为1395.0亿美元，2018年度中国非金融类对外投资额为1213.2亿美元，2020年度中国非金融类对外投资额为1340.5亿美元。——编者注

② 联合国贸发会议：《2021世界投资报告》。

年下滑了40%（见图8），中美两国本年度吸引的外国投资额接近持平。

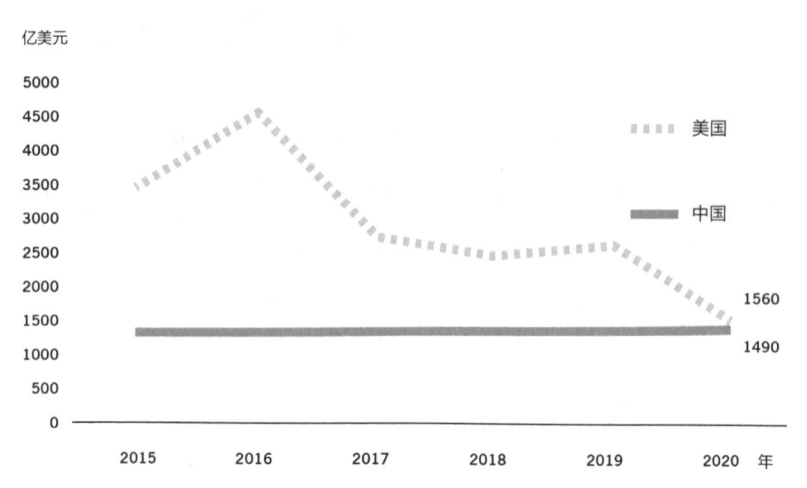

图8　2015—2020年中国和美国的外国直接投资流入量

资料来源：联合国贸发会议。

这一成功可部分归因于中国政府采取的战略，即优先考虑国内增长，以对抗新冠疫情带来的经济压力，其中包括严格的卫生防疫以及吸引外资的激励措施。

为吸引外商投资，商务部和国家发改委对外资准入负面清单进行了修订，进一步缩减负面清单。新的清单于2020年7月生效，大大减少了金融、基础设施、交通、农业、制造业、医药和研发等领域的外资准入限制。

2021年3月公布的"十四五"规划表明中国将继续保持这一趋势。中国政府提出"双循环"战略，旨在推动形成"以国内大循环为主体、国内国际双循环相互促进"的新发展格局，具体举措包括刺激国内需求、提高出口生产力，尤其是在创新和高科技等相关领域进一步放宽外商投资准入限制等。正如我们所见，中国的战略目标是提升自身应对国际经济冲击的能力，如新冠疫情和美国在技术领域的限制所引发的冲击。

结　论

许多因素给中国的全球化发展带来了新的挑战，这反映在中国对世界上一些地区的投资相对减少上，其中一些因素包括：中国政府加强了对资本外流的控制、中美商业与技术争端以及新冠疫情的暴发。中国的"双循环"战略也可能会改变中国海外投资的重点。中国可能会将注意力放在质量而非数量上，优先考虑投资领域在中国发展中的作用。此外，预计中国市场在高科技等关键领域进一步向外资开放也指日可待。

尽管近年来中国在全球的投资有所下降，但习近平主席于2015年在中国-拉共体论坛部长级会议上表示，未来10年，中国将在拉美和加勒比地区投资约2500亿美元，这表明该地区将继续吸引中国的兴趣。迄今为止，巴西获得了中国在拉美和加勒比地区约一半的投资，显然已成为该地区的投资重心。巴西将继续影响中国对拉美地区的外交政策。

前文的分析显示出中国对在巴西投资具有较长期的兴趣。中国的大部分投资，尤其是在基础设施领域的投资，需要很长时间才能见效，这表明中国在巴西的投资计划不是一朝一夕的，并将在巴西经济中建立稳固的地位。巴西人已经感受到巴西整体生产力得到了很大提高，这对扩大巴西的出口至关重要，不仅是对华出口，也包括对世界其他国家的出口。这种海外商业拓展是巴西经济复苏的一个基本前提条件。中国的经济增长或将继续远超世界平均水平，这意味着中国可能成为巴西经济持续增长的一个基

商界领袖看中国：抓住广阔市场的发展新机遇

本推动力。

从这个意义上说，巴西以及拉美在能源、采矿和农业等传统投资领域之外（这些传统领域已得到了充分开发，目前正在走向成熟），尚有吸引中国投资的空间。在物流和建筑等中国具有相对优势的领域，新的投资可以改善该地区基础设施相对薄弱的现状。此外，中国在工业领域的投资也能够推动巴西经济活动的开展。随着中国技术发展的突飞猛进，两国在技术领域的合作可能更为重要。

第二部分　分析与建议

第二部分　分析与建议

中国引领"全球化3.0时代"的关键机遇[*]

张立钧

张立钧，普华永道中国内地及香港地区管理委员会成员，负责中国区域经济协调发展业务、中国南部市场战略及活动，以及深圳办公室的运营，致力于推动包括粤港澳大湾区在内的中国城市群一体化协调发展。他在专业服务领域拥有超过25年的丰富经验，经常受邀就中国经济的可持续发展与转型、绿色金融、数据资产化等热点问题发表演讲。他还在大数据流通与交易技术国家工程实验室、亚洲金融合作协会金融科技合作委员会等组织机构担任专家顾问。

---

[*] © 2021普华永道（PwC）版权所有。普华永道系指普华永道在中国的成员机构、普华永道网络和/或其一家或多家成员机构。每家成员机构均为独立的法律实体。详情请见www.pwc.com/structure。

免责声明：本文章中的信息仅供一般参考之用，不可视为详尽说明，亦不构成普华永道的法律、税务或其他专业建议或服务。普华永道各成员机构不对任何主体因使用本文内容而导致的任何损失承担责任。

商界领袖看中国：抓住广阔市场的发展新机遇

"全球化3.0时代"简介

许多人认为，中美贸易摩擦及科技战叠加新冠疫情对全球贸易和其他经济活动的影响，将使逆全球化趋势无可避免。然而，这事实上取决于如何定义全球化。我们认为，有充分的理由相信全球化的新时代已然到来。而中国，连同中国企业，正面临着成为引领世界掀起这新一轮全球化浪潮的领头羊的独特机遇。

世界正在经历快速变化，而且变化速度仍将继续加快。我们认为，现代所定义的"全球化1.0时代"肇始于三四十年前，以柏林墙的倒塌、冷战结束和"新世界秩序"诞生为标志，形成于新千年之交，持续时间约为10年。这个时代以产品贸易和货物交换为主要特征。2001年中国加入世界贸易组织后，逐步确立了自身作为"世界工厂"的地位，加速推进了全球化的这一进程。在该阶段，进出口皆基于各国的比较优势，相关国家都受益于这种产品交换。

"全球化2.0时代"以服务贸易和人员流动为主要特征。我们注意到了人们出国的三个主要原因：一些人是为了出国深造，一些人是为了获得高质量的医疗资源，还有一些人是为了通过旅游来体验异域风情。人们用他们的消费能力换取教育、医疗和文化资源。"全球化2.0时代"也持续了约10年时间，直到2020年左右。

我们认为过去几年来，"全球化3.0时代"已悄然来临。这一全球化浪潮基于数据和信息的高水平技术交流，主要集中在信息、数据、技术和金融领域。

伴随着数字时代的数据暴增，我们发现，谁在数据算法和全球信息交换上掌握了主动权，谁就掌握了未来。华为等中国科技公司尽管受到了美国的制裁，但多年来仍在国际上取得了令人瞩目的进步，在5G技术、光纤网络、蜂窝网络设备和智能手机等领域确立了世界领先地位。同时，正如小米官方网站所示，该公司产品已遍布全球90多个国家和地区，并在包括印度在内的许多智能手机市场上占据领先地位。中国科技公司已关注并抓住了这一趋势，在近几年里不断地发展。

2020年，中国宣布了"双循环"战略，在这一背景下，中国希望积极推动内需和外需、进口和出口，促进吸引外资和对外投资协调发展，促进国际收支基本平衡。此外，据预测，到2025年，中国产生的数据将超过世界上任何其他国家，加之中国在"数字中国"建设领域所取得的进展，中国及其企业将在推动"全球化3.0时代"向前发展方面发挥积极的作用。我们发现，"全球化3.0时代"有三个关键主题，即全球供应链的重塑、促进可持续发展和应对气候变化，以及构建平衡的数据资产生态系统。本文将尝试对这些关键主题进行阐述，并就其中的机遇提出见解。

全球供应链的重塑

在"全球化1.0时代"，中国于2001年加入世贸组织后，一直以世界上低成本产品供应者的角色为世人所知。随着劳动力成本低、人民币估值偏低和出口税率低等竞争优势的减弱，中国已逐渐失去了与世界其他低成本国家竞争的优势。自2015年以来，中国制定了雄心勃勃的计划，力求通过提高产品和设备质量，更加重视技术创新和研发，实施产业升级。事实上，正如"十三五"规划所述，中国的目标是到2020年将其国内生产总值的2.5%用

商界领袖看中国：抓住广阔市场的发展新机遇

于研发。2019年，国家统计局的公报显示，全国共投入研发经费2.21万亿元（约合3220亿美元），比上年增长12.5%，占国内生产总值的2.23%。[①] 在2021年3月公布的"十四五"规划中，中国政策制定者强调要增加由政府主导的研发支出，并对投资于基础研发的企业实行税收优惠。多年来，研发投入达到一定标准的公司会被归为高科技公司，得以享受10%—15%的企业所得税减免优惠。

上述努力均是中国多年来通过制造具有相对技术优势的中高端产品向产业链上游迈进的举措。中国力求通过产品升级，包括供应链的升级实现这一点，并更深入地参与高利润和高附加值行业，包括技术硬件、高科技机械、医疗保健设备和产品，以及汽车和汽车零部件等行业。因此，一些附加值相对较低的劳动密集型产业，如纺织业和家具制造业，已经转移到劳动力成本较低、环境保护法规更灵活（若非没有）的国家。任何准入门槛较低、运营要求较简单、更容易复制的制造业都适合进行类似转移。此外，中国本土企业正在从家电、智能手机和建筑机械等行业的跨国公司手中夺取市场份额，具体表现为中国公司接收跨国公司剥离的业务单元，主导承包生产制造，以及跨国公司将其业务生态系统转移到其他国家，等等。

中国一直在助推这一转型，积极让东盟国家和其他国家参与到供应链中来，2020年11月签署的《区域全面经济伙伴关系协定》加快了这一进程。就成员国覆盖的国内生产总值（26万亿美元）、人口（22.7亿）和出口总额（5.2万亿美元）而言，这可谓世界上

[①] 国家统计局、科学技术部、财政部：《2019年全国科技经费投入统计公报》，中国政府网，2020年8月27日，http://www.gov.cn/xinwen/2020-08/27/content_5537848.htm。

最大的自由贸易协定。① 近年来，中国对东盟国家的外商直接投资以每年15%的速度增长，东盟国家已超过欧盟成为中国最大的投资目的地，2018年获得了中国对外直接投资的42%。② 此外，中国于2013年提出的"一带一路"倡议一直在促进区域与全球合作，并正在重塑全球价值链。目前，中国已成为25个"一带一路"共建国家的最大贸易伙伴和最大的出口目的地及外商直接投资目的地。中国将一如既往地提升工业产能和多项能力并善用优质资源生态系统和加强管理能力，从而与欧洲及其他地区的尖端技术形成协同效应。新冠疫情加速了国内外制造商通过"中国+1"战略来重新平衡其供应链和制造业，这可能会对中国有利，因为更多的产能会被释放以用来生产价值链中的高附加值产品。

这类产业升级不仅可使中国减少对出口的依赖，也可以提高中国人民的人均收入，推动消费升级，正如"全球化1.0时代"以来发生的那样。近年来中国推动供给侧结构改革和推进城市化进程的措施，正是不断释放国内需求潜力的战略举措。我们相信，中国的国内消费市场规模上升，潜力巨大，将很快超过美国，成为世界上最大的消费市场。中国巨大的国内市场和不断扩大的中产阶级一直在吸引跨国公司采取"在华为华"的战略，基于该战略，制造商的重点是向中国市场销售而非出口产品。该战略主要应用于不太容易受中美"脱钩"影响的行业，包括消费品、零售、消费保健品、酒店、娱乐和教育等行业。事实上，上海美

---

① 《〈区域全面经济伙伴关系协定〉成功签署》(RCEP Successfully Signed)，普华永道中国（PwC CN），2020年11月，https://www.pwccn.com/en/tax/publications/rcep-news-alert-nov2020.pdf.

② 《拥有海外投资机遇的东盟国家》(ASEAN Countries with Overseas Investment Opportunities)，普华永道中国（PwC CN），2020年9月，https://www.pwccn.com/zh/research-and-insights/asean-countries-with-overseas-investment-opportunities-gba-sep2020.pdf.

商界领袖看中国：抓住广阔市场的发展新机遇

国商会在2020年11月的一项调查结果显示，82%在华经营的受访美国企业表示无意在未来3年内将其制造设施迁出中国。强大的供应链和巨大的国内市场使中国成为建立供应链战略时不可忽视的弹性枢纽。

近年来，中国各行业的数字化程度显著提高。新冠疫情加速了中国制造商实现数字化和提高自动化，以打造弹性、互联互通的本地供应链，从而抵御外部冲击的进程。这么做离不开更加灵活高效的供应链解决方案和工具，涵盖销售授权、计划和预测、智能制造以及数字化仓储和物流网络等领域。例如，人们对数据驱动的销售预测或基于人工智能的算法等领域的投资增加了，如今这些技术可应用于制订需求计划。鉴于疫情在全球范围内不可能很快结束，因此运用自动化技术来提高供应链和生产效率，以及通过使用机器人来减轻工厂的安全措施压力——如保持社交距离——都将至关重要。此外，为了提升中国供应链的透明度，越来越多的公司正在寻找合适的数据和分析工具，推动供应链整体实现可视化，以预警、检测问题，了解供应和使用情况，以及实现材料集成管理计划。自新冠疫情暴发以来，那些在数字化领域更先进、运营更灵活的企业在中国的表现更为出色，尤其是拥有周密的业务连续性计划的企业。除了核心供应链的数字化，财务、人力资源、技术、采购和营销等后台共享服务也都在向更为自动化、数字化和使用虚拟技术迈进。

从某种意义上说，我们认为这种数字化趋势是中国在"全球化3.0时代"引领世界的一个增量机会，因为它重塑了全球供应链。中国和海外的中国公司每天都会产生大量数据。在事先确定的数据保护和网络安全框架下，这种全球化的素材可供有关国家从此类更深层次的交流中彼此受益。

第二部分　分析与建议

可持续发展与气候变化

1992年，继联合国提出以可持续发展为核心的《里约环境与发展宣言》(Rio Declaration on Environment and Development)之后，可持续发展首次被纳入中国经济与社会发展的长期战略。时间快进到2015年，联合国在《改变我们的世界：2030年可持续发展议程》(Transforming Our World: The 2030 Agenda for Sustainable Development)中提出了17个可持续发展目标（SDGs），包括可持续经济增长、应对气候变化、优质教育、消除贫困等。可持续发展已成为全球化的一个重要趋势，因为它旨在解决影响每个国家和每个人的全球性问题。

中国是将可持续发展纳入国家发展计划和政府政策的先行者，为加速实现可持续发展目标作出了重要贡献。2020年，中国的人类发展指数居于全球排名第85位，是唯一一个从低水平人类发展组别跻身于高水平人类发展组别的国家。[1] 在过去的40多年里，中国已经使超过7.5亿人摆脱了贫困，并于2020年年底正式宣布已经消除了极端贫困。[2]

中国在改善教育和健康方面也取得了重大进展，自1990年以来，国民平均受教育年限从8.8年增加到13.9年，同一时期的国民预期寿命从69岁增加到76岁。[3] 此外，自2016年以来，可持续

---

[1]《私营部门对可持续发展目标的认识》(Private Sector Awareness of the Sustainable Development Goals)，普华永道中国（PwC CN），2020年7月，https://www.pwccn.com/en/services/consulting/publications/private-sector-awareness-of-the-sustainable-development-goals-jul2020.html。

[2] 同上。

[3] 同上。

97

商界领袖看中国：抓住广阔市场的发展新机遇

发展目标试点城市已被政府指定为可持续创新城市。中国还通过国际合作和发展援助，帮助其他国家实现可持续发展目标，从而成长为全球发展伙伴的角色。在"十四五"规划中，中国并未提出明确的国内生产总值增长目标，这也标志着中国正朝着实现更高质量、更可持续的经济发展的方向迈进。

2015年12月，近200个缔约方共同签署了关于气候变化的《巴黎协定》，承诺大幅减少全球温室气体排放，将21世纪全球气温上升幅度控制在2摄氏度，甚至是1.5摄氏度。2020年9月，中国国家主席习近平在联合国大会上宣布，中国将提高国家自主贡献力度，采取更加有力的政策和措施，力争于2030年前二氧化碳的排放达到峰值（碳达峰），努力争取2060年前实现碳中和。这是迄今为止一国为减缓预期的全球变暖做出的最大气候承诺，中国领导人对实现这一目标充满信心。2020年12月召开的中央经济工作会议将做好碳达峰、碳中和工作列为2021年八大重点任务之一。一个月后，中国人民银行将实现碳达峰、碳中和目标列为2021年十大重点任务之一，强调提高金融体系应对气候变化风险的能力。

清华大学的研究表明，中国必须采取1.5摄氏度温控的减排路径，才能在2050年实现碳中和目标，而大幅减排必须从现在开始。从实际情况看，中国必须加快推进产业结构和能源结构的调整优化，推动煤炭消费尽快达峰，大力发展新能源，加快建设全国用能权、碳排放权交易市场。此外，还须继续努力治理大规模污染，减少碳和其他污染物排放，并大规模开发绿地，以提高生态系统的碳吸收能力。

除环境效益外，绿色实践同时还具有商业意义。到2050年，能源系统的绿色转型将使全球国内生产总值增长98万亿美元，国内生产总值增速将比当前计划高2.4%。通过增加投资，在未来30年内全球将新增4200万个可再生能源相关工作岗位，比现在高出4倍，节省的医疗成本将是投资成本的8倍，有助于防止未来的危机。[①] 发展循环经济将创造600万个工作岗位，这一经济模式能够以更高的价值对废旧商品进行再利用、回收和升级。全球有12亿个工作岗位——占世界上所有工作岗位的40%——依赖于一个健康和稳定的环境。[②]

据估计，到2030年，可持续发展目标带来的经济增长或将达到12万亿美元，占目前全球国内生产总值的10%，其中中国可能将达2.3万亿美元。[③] 在企业层面，普华永道近期关于中国商业和可持续发展的调查报告显示，中国企业已积极参与到可持续发展实践中，71%的企业表示已经采取了实际行动来实现可持续发展目标。[④] 许多企业认为，实施可持续发展目标能够提升自身的品牌价值与竞争优势。在中国，企业将可持续发展目标与企业经营战略和业务紧密结合的意愿明显增强，与此同时，对支持可持续发展目标项目的需求也在增加。

在"全球化3.0时代"背景下，我们认为中国企业应注重建立各种伙伴关系，以推动实施可持续发展目标。这种伙伴关系既包括国内外稳定的商业伙伴，也包括上下游产业间的合作。在全球范围内，科技创新领域的国际合作可以提高产业门槛，从而推

---

① 参见https://www.irena.org/newsroom/pressreleases/2020/Apr/Renewable-energy-can-support-resilient-and-equitable-recovery。

② 参见https://www.ilo.org/weso-greening/documents/WESO_Greening_EN_web2.pdf。

③ 《私营部门对可持续发展目标的认识》(Private Sector Awareness of the Sustainable Development Goals)，普华永道中国(PwC CN)，2020年7月，https://www.pwccn.com/en/services/consulting/publications/private-sector-awareness-of-the-sustainable-development-goals-jul2020.html。

④ 同上。

动所有行业朝着实现可持续发展目标迈进。领先的市场主体也可以将企业联合起来，倡导建立整个行业间的伙伴关系。

虽然对可持续发展目标和相关活动的认识有所提高，但中国的可持续发展之路仍面临着一些挑战。我们的调查显示，近42%的企业不知道如何评估可持续发展目标。中国企业应反思如何评估优先考虑的可持续发展目标的有效性，以及如何利用现有项目的影响力。此外，普华永道的全球调查显示，72%的公司在其年度报告和可持续发展报告中提到了可持续发展目标。50%的受访公司表示，可持续发展目标对其业务至关重要，应予以优先考虑。就中国而言，这个数字一直在上升，55%的受访公司公开披露了它们的可持续发展实践，但这主要是应外部监管要求的结果。随着中国可持续发展实践的开展，受政府政策影响较大的国有企业的披露率高达67%，而私营企业的披露率仅为45%。

随着中国向争取2060年前实现碳中和目标迈进，越来越多的公司将披露其推动实现可持续发展目标的举措，并将公司战略与可持续发展相结合。根据国际货币基金组织基于购买力平价的计算，中国是世界上最大的经济体，也是世界上最大的发展中国家，中国在可持续发展和气候变化方面的引领作用无疑将影响全球，并成为"全球化3.0时代"的核心主题。

数据资产生态系统

在过去的10年间，移动互联网的发展引爆了数据的指数级积累，而数据是数字时代的重要资源。随着数据价值的更深层次演进，数据越来越像水和空气一样，成为我们日常生活中不可或缺的一部分，人们普遍认同的数据是数字时代的石油的说法远未充分描述出数据的不可替代性。当今时代，如果没有数据的支持，我们的日常生活和工作将无法正常运转。因此，通过构建平衡的数据资产生态系统来释放数据的价值，是世界各国的利益所在。

作为一个新兴概念，数据资产与商品类似，可以被出售、转让和应用。从经济和法律的角度来看，所有资产都必须具备三个核心特征：首先，一项资产应该具有明确的所有权，然而，由于数据的独特性质，一项数据资产可能会有多个所有者，这便会导致数据所有权模糊不清；其次，一项资产应该能够产生预期的经济效益，虽然需要制定合理的定价机制来使数据资产产生经济效益，但数据资产的定价往往取决于其特定的应用场景，这将会导致其定价的不稳定；最后，一项资产应该是一种稀缺资源，但由于数据资产是人工创造的资源，所以数据可能是一种取之不尽的资产。

通过解决上述问题，中国有机会在构建平衡的数据资产生态系统方面引领世界。2019年6月，由中国标准化研究院主导编制的《电子商务数据资产评价指标体系》正式发布。作为国家发布的与数据资产化相关的首个官方文件，该指标体系填补了中国数据资产领域的标准空白，体现了国家推动数据成为资产的巨大决心。

要将数据定义为资产，数据确权是关键，而这需要在国家层面及以上建立可执行的数据确权框架。我们必须吸取欧洲和美国的经验教训。欧洲在实践中发现，在《通用数据保护条例》（GDPR）框架下很难将个人和非个人的数据集分开，美国则将个人数据置于传统的隐私框架下，并辅以行业特定法律，以形成相对灵活的数据确权体系。中国在推动数据确权时，我们建议重点遵循四个"必须"原则：（1）必须充分考虑数字化的不同阶段和特定国情；（2）必须遵守个人隐私和敏感数据保护的红线思维；（3）必须以数据流动与共享为主要目的；（4）必须通过区块链和安全多方计算等数字技术实现数据确权。数据确权需要政府提供监管指导并予以执行，而《电子商务数据资产评价指标体系》的发布是推动数据确权的重要第一步。

同样，政府需要出面引导，帮助形成数据资产的定价机制，以实现预期的利益，这是释放数据资产价值的核心环节。数据资产的评估包括应用、成本、质量和风险四个维度。数据的价值在于其与不同应用场景的整合，这就会导致不同的定价。成本影响数据的价值及应用场景。数据的质量，包括其准确性、真实性和完整性，会影响对数据的应用和评估。数据的价值受到合规风险、地缘政治风险和网络安全风险的影响。目前有三种公认的资产定价模型，包括成本法、收益法和市场法。三种模型各有利弊，相关实体可根据自身实际情况与需求选择一种模式。此外，业界也在探索新的定价方法，包括研究知识产权的估值模型。

为解决数据资产取之不尽用之不竭的问题，需要采用新的商业模式对个人数据进行收集、管理和使用，规范个人数据的增值服务和交易，保护用户数据的隐私和安全。随着我国对数据确权和数据定价方式的逐步明确，数据的经济价值将通过数据平台交易、数据银行、数据信托、数据中介等一系列连接政府、企业和消费者的商业模式得以释放。我们认为，数据平台交易模式将继续保持良好的发展势头，并成为数据流动的关键商业模式。数据生态系统较为活跃的城市已经出现了政府主导的数据交换模式，如贵阳大数据交易所和上海数据交易所。此类平台提供了一个连接数据供需双方的交易平台，并由专业的第三方技术机构和政府监管支持，最终促进数据的交易和流动。这种模式解决了数据互信、数据保护、数据供需等主要问题，有利于大量行业通过平台积累进行数据标签和产品的开发。

此外，在建立平衡的数据资产生态系统的过程中，中国政府正在通过颁布法律法规、开设试点来解决数据使用容忍度和数据透明度、数据歧视和数据包容等问题，以利用公共数据资源的价值。这包括将18家上海商业银行与政府的开放数据平台连接起来，帮助降低信贷业务的成本，提高业务效率。[1]

从根本上说，"全球化3.0时代"是数据、信息、技术和金融领域的跨国交流。平衡的数据资产生态系统能够释放数据的价值，让数据成为"全球化3.0时代"背后的驱动力。我们认为，中国已开始通过制定政策法规为完善数据确权体系奠定基础，通过企业创新探索数据资产的商业模式，利用社会力量实施数据普惠，并建立基于技术规范的数据资产管理和应用体系。这使得中国在建立平衡的数据资产生态系统方面处于领先地位，也将成为全球化新篇章的关键驱动力。

结　论

近几十年来，随着技术的进步和数据的暴增，我们见证了世界从"全球化1.0时代"过渡到"全球化2.0时代"，现在又进入"全球化3.0时代"。各国间的交流从实物商品发展到教育、医疗和文化等服务，如今已发展到以数据、信息、技术和金融为重点的交流。我们相信，中国和中国企业（不仅仅是中国科技巨头），

---

[1] 《数据资产生态白皮书》（Data Asset Ecosystem White Paper），普华永道中国（PwC CN），2020年11月，https://www.pwccn.com/en/services/consulting/publications/white-paper-on-data-asset-ecology-nov2020.html。

都有机会在"全球化3.0时代"发挥主导作用，而这些机会就存在于本文所讨论的三个关键主题中。

首先，中国致力于利用其在全球供应链中的领导地位以及《区域全面经济伙伴关系协定》和"一带一路"倡议，重塑全球供应链并使其数字化，创造成本效益并加强各国间的相互联系。其次，可持续发展和应对气候变化已成为一项全球性任务，中国承诺力争在2060年前实现碳中和，这将是各个国家对减少全球碳排放影响的举措中最大的举措。中国企业将为其供应链中的上下游企业提供引导，并在此过程中与相关企业开展合作，以确保实现在2100年前将全球气温上升幅度控制在1.5摄氏度的目标。为实现联合国的17项可持续发展目标，中国积极地向其他国家提供支持，并将继续在促进全球可持续发展中发挥积极作用。最后，中国正在建设平衡的数据资产生态系统，以充分释放数据的价值，而数据正是推动"全球化3.0时代"不断发展的重要资源。

随着越来越多的中国企业认识到这些主题、趋势和机遇，我们相信，全球化带来的更多好处将得以在全球范围内被获得和分享。所有具有战略性思维的企业，现在是时候拥抱并参与塑造激动人心的"全球化3.0时代"了！

对中国未来发展保持信心的五大理由

朱 虹

朱虹,埃森哲全球管理委员会成员,埃森哲大中华区主席。她领导着一个由1.8万名专业人员组成的团队,为国有企业、民营企业及跨国企业客户提供战略与咨询、互动体验、技术服务和智能运营等全方位专业化服务。

商界领袖看中国：抓住广阔市场的发展新机遇

21世纪的前20年全球发展日新月异，经济全球化和数字技术正在颠覆与重塑贸易格局和产业结构，这一过程正在将中国推向世界舞台的中央。但未来的历史学家可能会说，2021年才是21世纪的元年。

新冠疫情是一个影响当前全球经济格局走向的重大事件，疫情之后，我们将迎来一个全新的发展时期。中国正从高速增长转向高质发展阶段，从速度到质量，从规模到效益，从普涨到结构优化。未来10年中，中国经济总量很有可能成为全球最大。很多企业高管都看好中国。根据埃森哲全球高管调研，中国高管中有70%乐观表示未来1年中国经济将出现V形反弹，相比之下北美和欧洲高管只有37%和27%有如此乐观。同时，超过40%的西方企业高管表示，他们所在的区域在疫情之后竞争力将不如中国。[1]

虽然当下仍面临重重挑战和各种不确定性，但是我们对中国未来发展保持信心，基于以下五大理由。

"双循环"扩大开放，全球企业成为中国市场一部分

历史实践表明，开放总是伴随着发展，封闭总是带来落后。在"以国内大循环为主体、国内国际双循环相互促进"的新发展格局下，在新一轮技术革命下，中国有望从贸易大国发展成贸易强国。

目前，中国已经步入了"引进来"和"走出去"并重的重要发展阶段。联合国贸发会议最新一期《全球投资趋势监测报告》

---

[1] 埃森哲全球高管调研，样本量（N=4051），北美（N=1450），欧洲（N=1301），中国（N=320）。

显示，2020年中国吸引的外资逆势增长4%，达1630亿美元，中国超过美国成为全球最大外资流入国。①

2020年达成的《区域全面经济伙伴关系协定》是亚太地区规模最大、最重要的自由贸易协定，覆盖世界约30%人口和近1/3贸易量，这将给中国提供一个巨大的国际循环平台。中国的交易成本将显著下降，效率将极大提升，中国的就业也会在这个平台上获得新的增长动力和支撑。中欧投资协定谈判如期完成，为中欧双向投资带来更大的市场准入、更高水平的营商环境、更有力的制度保障、更光明的合作前景。

进一步扩大开放是中国保持长期繁荣发展的关键。埃森哲研究显示，想要推动经济的持续高质量发展，释放人力潜能，加速创新落地，赋能跨国合作，创新和技术将越来越重要。埃森哲建模研究显示：到2030年，在中国26.2万亿美元的国内生产总值基础上，技术创新所释放的新动能有望额外解锁1.9万亿美元的增加值，相当于2030年中国国内生产总值的7.5%。②

内需驱动增长，供需双侧改革实现动态平衡

从国内大循环来看，随着经济不断发展，技术变迁，一些旧的行业必然会慢慢衰落，新兴行业会迅速崛起，因此，深入推进供给侧结构性改革势在必行。中国的初级和中级工业化已经完成，在这个基础上，技术含量高的产业将是下一个发展阶段的重点，像5G、新能源汽车、智能制造、高科技、新型材料等。同时，中国企业也可以在产业升级过程中，不断更新产业链、供

---

① 参见 https://unctad.org/system/files/official-document/diaeiainf2021d1_en.pdf。
② 埃森哲：《创新中国2030：释放技术红利，解锁增长动能》。

商界领袖看中国：抓住广阔市场的发展新机遇

应链。

从需求侧来看，中国也在不断激发消费潜力，扩大内需。2021年年初，摩根士丹利预测中国的消费市场规模将在下一个10年中翻倍，达到12.7万亿美元，这意味着下一个10年里中国的消费市场规模将保持年化7.2%的增长率，中国将成为全球消费市场规模增长最快的国家之一。① 在新的发展阶段，中国居民消费将加速从数量型转向质量型，以前是解决"有没有"的问题，接下来更多要解决"好不好"的问题。中国市场的消费升级进程充满机遇和创新能量。我们从以下三个方面来分析扩大内需的动力。

首先，收入增长可以为内需增长提供动力。根据中国宏观经济学会2019年相关研究报告，中国2018年3.5亿人口的年人均收入在2.5万美元左右，而另外10.5亿人口的年人均收入仅为4000美元。② 中国高收入人口总量已经与美国人口总量相当，中国如果能保持高收入人群占比，并逐步提高低收入人群的人均收入，就会有相当大的消费潜力。

其次，城镇化进程也是扩大内需的重要举措之一。相比发达国家80%以上的城镇化率，中国到2025年常住人口城镇率将达到65%，③ 这意味着中国仍然有很大的发展空间。此外，得益于数字化技术和物流的迅速发展，下沉市场的巨大消费潜力也正在逐步被挖掘出来，未来仍会保持较快速度的增长。

最后，中国的消费市场有着明显的代际特征。"千禧一代"（出生于1980—1994年）、"Z世代"（出生于1995—2009年）与父

---

① 参见http://www.china.org.cn/business/2021-01/29/content_77166788.htm。
② 参见http://www.macrochina.com.cn/zhtg/20190218115739.shtml。
③ 参见http://www.china.com.cn/lianghui/news/2021-03/05/content_77274844.shtml。

辈们不同，他们更愿意消费，也更有主见。随着新生代消费人群成为消费主力，他们新的消费诉求也给新兴品牌的发展提供了肥沃的土壤。数字化不断在赋能品牌实现创新商业模式，同时，也在很大程度上改变消费者体验甚至行业业态，激发出新的活力。

数字技术推动中国生产率和创新

在数字经济发展中，中国产业处于有利的竞争地位。数字技术已成为中国经济最为核心的增长极之一。据中国信息通信研究院《中国数字经济发展白皮书》统计，中国数字经济在国内生产总值的占比中已经超过1/3。[①] 数字技术将在未来30年的全要素生产率中作出很大贡献，数字经济将可能扩展到全部经济的2/3或者3/4的行业中去。智能制造、数字孪生、工业互联网、人工智能都会带来产业升级和联动效应，数字化转型的大背景下，每个行业的深层价值都值得深挖。

中国企业的数字化转型正在提速。从2018年开始，埃森哲每年发布中国企业数字化转型指数，跟踪企业的数字化转型历程。埃森哲发现，转型成效显著的领军企业占比已由3年前的7%上升到11%。[②] 埃森哲研究显示，领军企业数字能力不断提升的背后，是数字化内涵质的飞跃。大部分中国企业的数字化转型还集中于企业内部、单一职能或业务线的数字化部署，领军企业已经在着力打通企业内部壁垒，实现全业务全流程的贯通，同时内外兼修，注重企业上下游、外部生态的数字协同和价值创造。

国务院国资委正在着力加快推进国有企业数字化转型工作，

---

① 参见http://www.caict.ac.cn/kxyj/qwfb/bps/202007/P020200703318256637020.pdf。

② 参见https://www.accenture.com/cn-zh/insights/consulting/china-digital-maturity-index。

引导国有企业在数字经济时代准确识变、科学应变、主动求变，并且要求国有企业以钉钉子的精神切实推动数字化转型工作。①我们乐观地认为，中国企业数字化转型将推动行业生产率的提高和创新水平的进一步提升，技术创新作为核心竞争力促进产业升级的作用将逐步显现。

碳中和呼唤循环经济，中国成为责任大国

关乎气候变化的《巴黎协定》签订5年之后，中国领导人于2020年明确承诺在2030年前二氧化碳排放达到峰值，2060年前实现碳中和，②并且2030年非化石能源占一次能源消费比重达到25%，风电太阳能发电装机达到12亿千瓦以上。③政府工作报告提出，"十四五"时期，单位国内生产总值能耗和二氧化碳排放将分别降低13.5%、18%。④

埃森哲联合世界经济论坛近期发布的白皮书⑤阐明，通过技术改革，当下中国能源转型正处于从简单的可再生能源替代迈向更复杂的综合能源系统的关键拐点。数字技术可以利用自动化、信息技术、平台、安全性、移动性、机器人技术、数据分析、社交等举措全面赋能能源转型，实现能源结构改革。

中国正在加快构建绿色经济产业体系、倡导绿色低碳的生活方式和消费模式、健全循环经济，同时，中国也在以数字化转型

---

① 参见http://news.idcquan.com/news/184483.shtml。
② 参见http://news.youth.cn/sz/202009/t20200923_12505595.htm。
③ 参见http://www.qstheory.cn/yaowen/2020-12/13/c_1126854050.htm。
④ 参见https://www.bjnews.com.cn/detail/161491575015289.html。
⑤ 参见https://www.accenture.com/cn-zh/insights/consulting/wef-system-value-china-market-analysis-2020。

为核心，通过创新驱动、科技引领，实现新旧动能转换，促进先进制造业与现代服务业的转型升级，真正通过绿色发展、可持续发展促进高质量发展。这些都是非常明智的举措。

创业创新精神并举，驱动高质量发展

在坚持创新核心地位的大环境下，中国正在不断提升企业技术创新能力、激发人才创新活力，这将是中国市场和企业不断进步发展的内在和持续动力。

全球市值前10公司之列，科技公司高达7家之多，其中包括了中国的阿里巴巴和腾讯。[1]中国创业型企业正在崛起，技术创新也越来越重要。埃森哲最新研究表明，中国独角兽企业占到全球22%左右，超过半数是在人工智能、信息技术等领先行业，其中年收入达到100亿元人民币规模的独角兽占到了10%。[2]根据埃森哲的调研，近80%的独角兽企业都把技术和创新能力视为企业成功的核心因素，并将持续打造这方面的能力。[3]

在世界知识产权组织公布的2020年全球创新指数（GII）报告中，中国排名从2015年的第29位跃居至第14位。中国拥有17个全球领先的科技集群，其中深圳–香港–广州科技集群位居全球第2，仅次于东京–横滨，北京则位居全球第4。[4]

中国要实现新发展格局下经济结构升级，就必须重视创新。创新已经提升至中国现代化建设全局的核心地位，科技自立自强

---

[1] 参见 https://www.statista.com/statistics/263264/top-companies-in-the-world-by-market-capitalization/。

[2] 埃森哲：《中国独角兽企业高管调研》。

[3] 同上。

[4] 参见 https://www.wipo.int/edocs/pubdocs/en/wipo_pub_gii_2020/cn.pdf。

商界领袖看中国：抓住广阔市场的发展新机遇

将给整个中国的经济社会发展提供战略支撑。"十四五"期间，全社会研发经费投入将保持年均增长7%以上。[①]

虽然数字技术给中国带来了巨大改变，诸多领域仍征途漫漫。数字技术在赋能跨国合作、扩大内需、推动行业生产率提升、实现可持续发展、推动创新方面都发挥着越来越重要的作用。埃森哲在中国市场开展业务34年，已经成为中国企业数字化转型的卓越伙伴，我们为客户提供战略与咨询、互动营销、技术和智能运营等全方位服务，我们建议各个企业领导人在危机后更好地抓住机会、驱动增长。

未来充满不确定性，"黑天鹅"事件可能还会出现，现在是中国逐步步入现代化强国行列的战略机遇时期。在危机中育新机，于变局中开新局，我们有理由对中国的未来保持信心。

---

① 参见 http://www.china.com.cn/lianghui/news/2021-03/05/content_77274615.shtml。

第二部分　分析与建议

转型与机遇：
投资于中国的新发展模式并从中获益

〔澳〕冯栢文

冯栢文，毕马威全球中国业务发展中心全球主席，毕马威中国基础设施行业联席主管合伙人，中国澳大利亚商会（北京）会长。他于1996年离开澳大利亚后加入毕马威香港，并于2000年7月升任毕马威合伙人。在中国香港特别行政区工作近15年后，他于2011年初调往毕马威北京办公室，担任毕马威中国对外投资主管、毕马威亚太区交易咨询并购税务业务主管，继续帮助中国国有企业和民营企业开展对外投资，完成了许多大型海外并购交易项目。自毕马威全球中国业务发展中心成立以来，他一直是管理团队的核心成员，并于2015年7月担任全球主席职务。他能讲一口流利的普通话。

商界领袖看中国：抓住广阔市场的发展新机遇

在外国驻华商会的调查中，中国经常被列为跨国公司最重要的市场之一。这也与中国作为世界上主要的外国直接投资接受国之一并在2020年超过美国成为全球第一大投资目的地相匹配。以下因素意味着中国将继续为外国公司提供重要机遇，因为中国正在努力实现2021年3月11日经十三届全国人大四次会议表决通过的《中华人民共和国国民经济和社会发展第十四个五年规划和2035年远景目标纲要》（"十四五"规划）中制定的发展目标。

市场规模

过去20年来，全球对华贸易大幅增长，中国也已成为全球最大的外国直接投资接受国。这些发展都是由中国经济的增长所驱动的。展望未来，稳定的增长和对中国经济规模到2035年将翻一番的预期，意味着贸易和投资将继续增长。

中国的中产阶级消费者已达4亿人，预计到2030年这一数字将翻一番，中国有望成为世界上最大的消费市场。随着人均可支配收入的增加，家庭支出正从单纯关注满足基本需求转向可自由支配的项目。这为能够满足中国"新消费阶层"需求和偏好的行业带来了重大机遇。

中国也是世界上老年人口最多的国家。第七次全国人口普查结果显示，中国60岁及以上的人口为2.64亿，65岁及以上的人口为1.91亿，分别占全国总人口的18.7%和13.5%。预计到2050年，中国60岁及以上的人口将增至4.87亿，65岁及以上的人口将增至3.7亿，分别约占全国总人口的34.9%和27%。无论从哪个角度来看，这都代表着巨大的市场机会。到2050年，中国老年人的购买力将超过16万亿美元,[①]这将使中国成为世界上最大的老年人护理市场之一。在未来10年里,老年人护理行业规模预计将增至近2万亿美元。[②]这预示着,在人口老龄化和中产阶级期望值上升的推动以及政府政策的支持下,中国对健康和老年护理服务、老年人医疗设备和产品以及相关基础设施的需求将大幅增长。

对于许多行业而言,中国的市场规模意味着跨国公司若不能在华取得成功,就不可能成为行业"领跑者"。外国商会在华开展的商业情绪调查反映了中国在全球销售额和全球利润贡献方面对跨国公司的重要性。这种趋势将持续下去并得到增强,因为中国的深化改革和扩大开放会继续促进增长和创新的步伐。

"双循环"战略的提出引发了人们对于中国将在多大程度上继续向外企提供市场机会的质疑。"双循环"是指"以国内大循环为主体、国内国际双循环相互促进"的新发展格局。受新冠疫情和地缘政治紧张局势影响,外部环境日益严峻,在这种情况下,中国自然希望充分发挥自身在超大市场规模和内需潜力上的优势,使国内市场成为推动本国经济增长的主要动力。

但这并不意味着中国要关上自己的大门。在2020年11月举行的第三届中国国际进口博览会上,习主席指出:"……这决不是封闭的国内循环,而是更加开放的国内国际双循环……让中国市场成为世界的市场、共享的市场、大家的市场……"[③]自"双循环"战略首次提出以来,这一点经常被强调,并被写入"十四五"

[①] 吴玉韶、党俊武编《中国老龄产业发展报告(2014)》,社会科学文献出版社,2014。
[②] 中国社会科学院:《中国养老产业发展白皮书(2016)》。
[③] 《习近平在第三届中国国际进口博览会开幕式上的主旨演讲(全文)》,2020年11月4日,https://baijiahao.baidu.com/s?id=1682432450518029509&wfr=spider&for=pc。

商界领袖看中国：抓住广阔市场的发展新机遇

规划。

创　新

创新是实现中国工业体系现代化、实现中国高水平科技自立的核心。创新对于提高中国生产力、实现其经济增长目标至关重要。

消费市场规模、工业基础及低成本研发人才为中国成为全球创新领跑者提供了成本与速度优势。

举例来说，毕马威2020年针对全球科技领导者进行的年度调查表明，中国4个大城市——上海、北京、香港特别行政区和深圳，均跻身未来4年科技创新枢纽20强之列（硅谷/旧金山除外），这体现了中国的技术创新潜力。[①] 在过去几年里，美中两国在最有望开发具有全球影响力的颠覆性科技的国家中分别位列第一和第二。

中国正在采取全面行动发展自己的国内创新生态系统，鼓励企业增加研发支出、追求创新驱动发展。中国正致力于将北京、上海和粤港澳大湾区发展为全球科技创新中心。预计中国为提高产业的全球竞争力，会将科技创新列为区域发展计划及其他国家举措的一个重要内容。

技术颠覆已成为新常态，大多数中国首席执行官认为技术颠覆带来的"机遇"大于"威胁"。在毕马威开展的2019年全球首席执行官调查中，每10位中国首席执行官中就有7位表示，自身企业的发展能力依赖于他们挑战和颠覆商业规范的能力，而超一

---

① 参见https://home.kpmg/content/dam/kpmg/us/pdf/2020/03/tech-innovation-hubs-2020.pdf。

半的中国首席执行官表示,他们是其所在行业中新兴技术的积极颠覆者,而非被动等待者。[①]

鉴于这些趋势和潜在驱动因素,参与中国的创新发展进程对于保持跨国公司在中国和世界其他市场的竞争力将越来越重要,因为中国在开发和推动新技术与商业模式的商业化方面具有规模、成本和速度优势。

跨国公司可以考虑面向初创公司成立加速器或孵化器、加入聚焦创新技术研发的产业联盟和与创新型初创公司(如金融科技、保险科技、健康科技公司)合作等合作战略。在毕马威开展的2019年全球首席执行官调查中,超过一半的中国首席执行官选择将这些合作战略作为他们计划在2019—2022年采取的行动,以实现企业的发展目标。

外国投资的角色

在中国经济发展新模式中,外国投资将继续发挥重要作用。随着中国强调实现"更有效率、更加公平、更可持续、更为安全"的高质量发展,外国投资将有以下机会:(1)通过提供资本、先进技术、管理和运营经验等方式为产业升级提供支持;(2)满足中国消费者的需求;(3)支持中国向创新密集型、消费主导型经济转型。同时,重要的是,投资者必须了解中国作为投资目的地的优势是如何变化的。毕马威发布的《展望中国2018——开启新时代、引领全球化》进一步讨论了这些变化及其对在华投资外企

[①] 参见https://assets.kpmg/content/dam/kpmg/cn/pdf/en/2019/06/2019-china-ceo-outlook.pdf。

商界领袖看中国：抓住广阔市场的发展新机遇

的实际影响。①

支持政策

中国将继续扩大经济开放，尤其是在服务业领域开展更全面的试点，制定跨境服务贸易负面清单。除进一步缩减外资准入负面清单外，中国将鼓励外国公司在先进制造业、高新技术、节能环保产业并在中西部地区进行投资。在这一过程中，自由贸易试验区将成为排头兵。高质量开放是促进高质量发展的必要条件。

中国继续优先考虑在健全的法律框架下营造世界级的、以市场为导向的商业环境，其中很重要的一点就是支持公平竞争，包括平等对待所有公司，平等保护产权，尤其是保护所有市场参与者的知识产权。

中国将努力实现国内经济和治理体系的现代化，包括与国际规则、标准和惯例接轨，这将有利于外企在中国开展业务。同时，这也意味着中国公司将能够更有效地在海外市场运作。

数据是数字经济中的关键生产要素。中国正在制定数据治理框架，以充分实现数据在经济中的价值，具体措施将包括：建立确定所有权、转让权，使用和保护数据的规则，以及加强对个人数据的保护；采取措施促进健康竞争，防止垄断，加强监管；建立机制，让政府当局更多地分享公共数据，包括实施试点计划，授权第三方操作政府数据。这些措施将鼓励更多地挖掘和使用公共数据。

---

① 参见https://assets.kpmg/content/dam/kpmg/cn/pdf/en/2019/06/2019-china-ceo-outlook.pdf，第50—56页。

进入中国以外的市场

中国促进和降低跨境交易成本的努力，增加了以中国为大本营进入和服务整个亚洲及"一带一路"共建国家市场的吸引力。中欧投资协定的实施将有利于欧盟企业在华投资并从中受益。

2020年，东盟十国、中国、日本、韩国、澳大利亚和新西兰共同签署了《区域全面经济伙伴关系协定》。《区域全面经济伙伴关系协定》是世界上最大的自由贸易协定，参与国共占全球GDP总量的约30%和世界人口总量的约30%。2020年，中国对《区域全面经济伙伴关系协定》签约国的出口占中国出口总额的27%，从签约国进口占中国进口总额的37.8%。该协定是中日韩三国间首个也是唯一一个贸易协定，该协定将致力于实现经济高度依赖贸易的东南亚地区的供应链稳定。基于该地区总附加值的原产地规则（根据区域累积规则），该协定将鼓励扩大和深化该地区的供应链。该协定生效后，货物贸易的预期增长将带来与之相关的服务贸易的增长，例如仓储、运输、金融结算、融资和保险等。跨境服务贸易，尤其是互联网服务，也将因参与国履行《区域全面经济伙伴关系协定》承诺而获得进一步增长的动力。

《区域全面经济伙伴关系协定》生效后，中国约35%的贸易将与自由贸易伙伴开展。中国已表示将加快中日韩自由贸易协定的谈判，并将推进与海湾阿拉伯国家合作委员会国家、挪威和以色列的谈判。中国还在积极考虑加入《全面与进步跨太平洋伙伴关系协定》。

围绕推动"一带一路"高质量发展所采取的行动，也将使中国处于向"一带一路"共建国家出口和投资的有利位置。

商界领袖看中国：抓住广阔市场的发展新机遇

外国公司的机遇

外国公司应该研究"十四五"规划以及各省、市和部门已经发布和将要发布的规划。它们更详细地描述了相关目标和实施行动。下面是对外国公司而言存在或将会出现重大发展机遇的一些领域。

"一带一路"倡议

"十四五"规划为推动共建"一带一路"高质量发展确定了清晰的方向。这些项目的持续"市场化"——与国际私人资本合作，遵循国际惯例和债务可持续性原则，更加注重风险管理和法律及合同保护等——都将增加资金来源并使之多样化，包括使用来自多边和全球金融机构的资金。这也将增加跨国公司对这些项目进行投资或提供商品与服务的机会。"十四五"规划还谈到了促进"一带一路"沿线国家电子商务和工业项目的国际合作，优先考虑与数字、绿色和健康相关的项目。

中国公司在交付"一带一路"项目和为这类项目融资过程中，将越来越多地采用适用的环境、社会和公司治理（ESG）标准及最佳实践。在后疫情时代，由于投资新建基础设施项目的财政能力下降，我们预计东道国政府将越来越多地寻求利用私人资本为基础设施项目融资。同时，如果公司想向国际金融机构借款或向国际投资者筹资，那就必须遵守环境、社会和公司治理标准。也就是说，公共和私人资本提供者将要求项目开发商遵守环境、社会和公司治理标准，并在基础设施项目的规划、建设和运营阶段采用环境、社会和公司治理标准。这将为中外公司带来新的合作机遇。中国的新发展模式将鼓励对华投资和中国对外投资的协同发展，这意味着吸引外资流入时也会适当考量其创造或增加对外贸易和投资机会的能力。在这个方面，多个行业都有机会与中国公司合作，在中国共同开展高质量项目，并在其他国际市场上推广应用。一些跨国公司和国际投资者的经历表明，在中国成功实施的合作项目能够在其他国家得到成功复制。还有更多在中国成功开展的国际合作项目案例，它们将促进这种商业伙伴关系走向第三国市场并应用于那里的项目。

鉴于此，外国投资者应关注鼓励私人投资项目的改革进展、中国PPP项目①的发展，以及利用房地产投资信托基金来持有基础设施资产，以确定通过股权投资和/或贷款融资（包括绿色债券）来参与项目的合适机会。

数字中国

数字化发展是"十四五"规划的一个关键重点，数字化转型将推动中国生产、生活方式和治理方式的变革。

传统的基础设施建设为使中国成为世界制造业强国奠定了坚实基础。如今，中国正致力于挖掘数字化和技术创新的巨大潜力，以创造需求，推动生产率的提升，提高中国所有行业和部门的弹性和环境可持续性，而新型基础设施建设正是实现这些经济、社会和环境效益的支柱。我们认为这主要体现在三个方面。

第一，在帮助企业提高生产率，释放新需求，提高为国内外客户提供优质、环保和物有所值的商品和服务的能力等方面，数

---

① PPP（Public-Private Partnership），又称PPP模式，即政府和社会资本合作，是公共基础设施中的一种项目运作模式。该模式鼓励私营企业、民营资本与政府进行合作，参与公共基础设施的建设。——译者注

字化已经成为转型的关键驱动力和助推器,而这些努力也将是应对劳动力数量萎缩带来的影响的一个重要途径。第二,数字化正在推动产业创新与颠覆。第三,数据和数字技术在为智慧城市提供更高的宜居性、更大的可持续性和经济成就方面潜力巨大。技术以及应用程序和数据分析可将物理基础设施与用户相连接,以提高不同地区居民的生活质量。

数字技术将与实体经济高度融合,帮助传统产业实现升级,促进新产业、新业态和新商业模式的出现。"十四五"规划将云计算、大数据、物联网(尤其是汽车、医疗设备和家用电器)、工业互联网(尤其是智能制造)、区块链、人工智能及虚拟现实和增强现实列为七个关键领域。在需求侧,数字交付将被纳入教育、医疗和老人护理等更多的公共服务领域,以提高相关服务的可及性和便利性。日常生活的方方面面都将变得更加数字化,包括消费支出、家庭生活、旅游休闲、交通等。与其他行业一样,中国在数字化和商业模式创新方面的经验可以输出到其他国家并加以应用,尤其是输出到新兴市场。

绿色、低碳经济

习主席指出,中国将力争在2060年前实现碳中和,这一承诺在国际社会上大受欢迎,引起了国际社会的极大关注。向绿色经济的转型将为那些迅速采取行动,在提供与低碳增长兼容的解决方案方面建立领先能力的公司和机构带来重大机遇。

高盛公司估计,到2060年,绿色基础设施的总投资规模有望增至16万亿美元,涉及发电、电动汽车等交通基础设施、碳封存以及用于交通、工业和供暖的氢气基础设施等,预计其中至少

75%的投资或将来自私营企业。[①]

中国在发展绿色经济的过程中，对绿色设备、技术、服务和投资的需求也将快速增长。环境保护、可再生能源、绿色材料、先进复合材料、新能源汽车、可回收材料和绿色融资等领域将涌现出机会。

在这些领域，外国公司可就自身在开发和实施新方法新技术以减少经济社会活动对气候的影响方面的经验进行分享。对于外国供应商来说，中国的市场规模为新技术和创新解决方案的开发和商业化提供了契机，而且在中国获得的成功项目经验可以复制到其他国家并加以利用。

咨询公司和非政府组织将在如下方面发挥作用：帮助中国公司制定和实施负责任且可持续的战略、商业模式、运营和投资方案；开发应对气候变化的商业模式、产品和服务，帮助公司减少碳排放；设计治理框架、流程、方法、工具和指标，以更好地跟踪、衡量、管理和报告环境、社会和公司治理绩效并就环境、社会和公司治理披露（包括环境效益披露）提供保证等。

越来越多人士乐观地认为，生态上的相互依存将促成气候变化领域的国际合作。关于中美合作应对气候变化的潜力和必要性，人们已经说了很多。《中美应对气候危机联合声明》初步表明了两国"致力于相互合作并与其他国家合作应对气候危机"的领域。中英两国的合作也将产生相当大的协同效应。事实上很难想象不通过与中国公司合作，释放它们的资本、技术、研发与规模优势，英国就能实现其政府在"绿色工业革命"计划中提出的宏伟目标。同样，对于英国公司来说，中国对领先技术、解决方案

[①] 高盛集团：《碳经济学：中国走向净零碳排放之路：清洁能源技术革新》（Carbonomics: China Net Zero: The Clean Tech Revolution），2021年1月21日。

商界领袖看中国：抓住广阔市场的发展新机遇

和经验的需求能够提供更多的高技能工作岗位，缩小"发明和应用之间的鸿沟"，[①] 并为持续创新提供必要的资金。中国与其他发达经济体也将产生类似的协同效应，包括互相合作帮助发展中国家应对气候变化。

在发达国家和发展中国家开发、部署和使用清洁技术将是应对气候变化的关键。但重要的是，要努力防止这些技术和生态系统的"巴尔干化"[②]。这是因为，假设其他条件不变，气候技术和解决方案的全球化将带来更大的市场需求，预计这将支持更多和更早的私人投资创新。然而，与此同时，这些技术的开发、部署和使用方式也需要响应东道国对建立当地产业和创造当地就业机会的期望，而不仅仅是努力提供低成本的生产。与英国的政策声明一样，2021年4月28日拜登总统在国会联席会议上的讲话也谈到了创造当地就业的重要性：

> 长期以来，在应对气候危机时，我们一直没有使用最重要的词——就业机会、就业机会、就业机会。对我来说，当我想到气候变化时，就会想到就业机会……
> 没有理由不能在匹兹堡制造风力涡轮机叶片。美国工人没有理由不能在电动汽车和电池的生产方面引领世界。

需要进行多边协调，以确保为开发、部署和使用气候友好型技术而开展的经济活动带来的利益能够在国家间及国家内部得到公平分享，以避免进一步助长逆经济全球化以及日益高涨的民粹主义和保护主义。

[①] 参见英国前首相鲍里斯·约翰逊于2020年6月30日在达德利发表的演讲。
[②] 即"碎片化"，导致诸多矛盾与冲突。——译者注

区域经济发展

努力促进中国城乡之间和不同地区之间的协调发展,将使外国公司能够通过在这些地区投资和开展业务来挖掘新需求并降低成本。

外国公司应密切关注海南自由贸易港及中国其他自由贸易试验区的发展情况,以及粤港澳大湾区、京津冀一体化、长江经济带和成渝地区双城经济圈等国家重大区域发展战略的实施情况。

这些举措在促进外国投资流向最需要的行业和地域以及鼓励外国公司进一步将其价值链本地化方面将变得越来越重要。

包容性和公共服务

中国也在寻求提高公共服务的质量和可获得性,包括教育、医疗服务以及老年人护理等领域。随着中国老龄化趋势的日益严重,老年人护理正变得越发重要。这将催生在设施的管理和运营、人员培训和护理服务的提供方面对优质外国专业知识及国际最佳实践的持续需求。

金融服务

在过去几年里,中国金融业的开放为外国投资者创造了许多机会。例如,中国取消了银行、金融资产管理公司、证券、基金管理、期货公司和人寿保险公司的外资所有权上限,取消了合格境外机构投资者(QFII)和人民币合格境外机构投资者(RQFII)的配额限制,并且实施了股票和债券连接计划。

"十四五"规划提出,要稳妥推进银行、证券、保险、基金、期货等金融领域开放,并采取措施加强国内外资本市场间的

商界领袖看中国：抓住广阔市场的发展新机遇

联系。

中国的财富管理和退休领域预计将经历快速增长，这意味着更宽松的市场准入将为领先的国际金融机构提供新机遇，从而为这些领域提供一系列金融服务。相对于大型和资本雄厚的中国金融机构，外国参与者需要清楚地了解自身所具有的优势。近期达成的交易表明，领先的国际金融机构已迅速抓住机遇来进一步推动中国金融服务部门的开放。

在推动中国转向低碳增长模式、应对气候变化风险方面，绿色金融将发挥重要作用。2021年3月1日，中国首部绿色金融法规《深圳经济特区绿色金融条例》正式施行。该条例规定金融机构应当依照该条例规定对资金投向的企业、项目或者资产所产生的环境影响信息进行披露。这是继欧盟之后全球第二个绿色金融条例。随着各国就碳达峰及碳中和目标达成一致，中国的绿色金融市场将在现有基础上继续迅速发展。未来，除了为全球投资者提供符合环境、社会和公司治理标准的选择以支持中国发行方的去碳化行动之外，中国还将成为绿色金融监管领域的引领者。

成功的关键

近年来，跨国公司在华首次面临着一个更大的挑战。并非中国市场缺乏机会，而是许多国家对中国的误解和负面情绪激增。[①] 本文无意探讨产生这一变化的根本原因。然而，我们必须认识到，这一现象将继续影响一些跨国公司寻求新机会的欲望和

---

① 具体例子见皮尤研究中心（Pew Research Center）：《美国对中国的看法》（American Views of China），2021年2月；德国科尔伯基金会（Korber-Stiftung）：《柏林脉搏》（The Berlin Pulse），2020年11月。

行动步伐。商界领袖在为本国提供有关对华贸易和投资的信息并宣讲其利益方面发挥着重要作用。此事可能需要信誉良好的第三方及时提供一些基于事实的分析来支持。在重新划定合作、竞争与对抗之间的界限时，决策者必须适当考虑经济后果。跨国公司不仅对现有股东负有积极参与这场辩论的义务，对后代也负有同样的义务。

同时，多边组织、大学及智库也将（并且需要）在提供基于事实的数据和论述方面发挥越来越重要的作用。这些数据和论述可用于指导和支持跨国公司就一些利益攸关方，特别是发达市场的利益攸关方可能不太了解的新机会做出决策。

关于促进跨国公司在中国市场上取得成功的因素，多年来已有很多相关报道。跨国公司需要以中国速度运营，才能在中国市场上取得成功。这意味着在一个瞬息万变、竞争激烈的市场中，灵活应对必不可少。在毕马威2019年全球首席执行官调查中，58%的中国首席执行官认同"灵活行事是商业的新潮流"这一说法，63%的受访者则表示增进与第三方公司的合作伙伴关系是"我们的组织实现其所需灵活性的唯一途径"。与相关政府部门和行业组织，以及客户、供应商、员工和社区之间建立起信任和了解，也变得空前重要。提供与中国经济和社会发展目标有明确联系的高质量产品和服务，亦必须是任何公司在华价值主张的基本要素。

中国的变化令人叹为观止：中国的变化是不断发生的，这些变化发生在所有的经济和社会领域，而且不同地区的变化各有侧重点。为了跟踪、解释和适当应对外部环境的改变，外国公司需要在市场上组建有效、有能力的团队，与具有在华经营经验和相关领域专业知识的知名外部顾问合作，并融入中国的商业生态系统。这包括与相关政府部门、监管机构和行业机构建立建设性的关系。这些关系有利于跨国公司对当地新政策、法律、法规、标准和行业发展计划的制定提供建议，也有利于跨国公司更好地理解和适应当地的体制、政策和法规的变化。

为了在中国取得成功，外国公司与知名本地公司合作往往意义非凡。此类合作也可以在总部层面开展，例如，通过中国的战略投资者获得外国公司的股权，以及同意帮助外国公司进入中国市场。

在前文中我们谈到了在中国进行研发以及产品和商业模式创新的优势与必要性。这将越来越多地涉及与当地技术公司的合作。除了关注中国市场的机遇外，跨国公司还应考虑利用在华业务为区域和"一带一路"市场服务的机会。成功不再是"在中国"或"为中国"制造，而是"与中国一起"制造，包括在第三国市场制造和向第三国市场出口。在后疫情时代，对供应链弹性重要性的认知不断加深，这将成为供应链本地化和区域化时又一考量。

结　语

在撰写本文之际（2021年3月至4月），国际新闻媒体对中国的报道并未对中国正在进行的重要转型所带来的商业机遇进行实质性讨论。相形之下，外国投资者2020年对在岸中国股票的持有量增加了12,978.61万亿元人民币，同比增长61%。

机构投资者增加对中国在岸股票的投资（以及这些投资组合价值的增长），反映出其对各个行业股票营利前景的乐观态度。

外国公司能够在多大程度上以及如何从中国的发展趋势带来的机遇中获益？这些都是我在本文中试图回答的问题。

为外国公司提供公平竞争环境的重要性得到了很多关注。外国公司在解决这一问题上所取得的进展，反映在在华外国商会定期开展的商业情绪调查中。与此同时，我们不能将问题混为一谈。中国不是一个容易成功的市场，尤其是考虑到它竞争激烈且充满活力的特点时。换言之，一家公司在其国内市场取得了巨大成功，并不意味着它就能在中国取得成功。如同在任何市场上一般，每家公司都必须努力建立、维持和捍卫自身独特且可持续的竞争优势。

得益于疫情防控成果，中国经济已呈现出了令人鼓舞的增长轨迹和势头。"十四五"规划提到了提升供给体系的韧性和对国内需求的适配性。同时，全面恢复往返中国的商务旅行对外国公司而言尤为重要，因为通常情况下，当地市场无法完全满足需求的管理和技术岗位对外籍员工的依赖程度比较高。这也将是帮助弥合与总部决策者在新投资领域和项目机会方面信息差距的重要一步。

近年来，中国的经济增长对全球经济增长的贡献率约为30%。因此，中国对全球经济的影响也变得越发显著，其经济和政策的溢出效应对各国的影响越来越大。根据预测，这种情况还将继续下去。考虑到这一点以及本文所讨论的因素，中国对世界领先企业的重要性将继续保持并进一步增强。

我们正处于中国转型、融入世界经济的一个拐点上。一方面，在中国的新发展模式下，外国公司将会面临新的机遇。另一方面，在平衡政府和社会对国家安全、经济增长、竞争力和韧性

商界领袖看中国：抓住广阔市场的发展新机遇

以及可持续发展的期望方面,外国公司也面临着新的挑战。正如那些在中国改革开放时最先对华投资的外国公司一样,机会将青睐那些能够根据"十四五"规划中制定的经济社会发展优先目标相应地调整其企业价值和经营战略的先行者。希望应对气候变化的国际合作能够在中国掀起新一轮外国投资浪潮,并与中国公司以及世界各地的发达和发展中经济体建立更多"绿色"伙伴关系。

第二部分　分析与建议

中国资本市场改革仍需继续加速推进

〔加〕马克·奥斯汀

　　马克·奥斯汀，亚洲证券业与金融市场协会前首席执行官。自2012年加入亚政协以来，他带领协会在原有的固定收益部门的基础上，拓展股票、合规与税务、交易后、公共政策与可持续金融、资产管理以及教育与培训等业务。马克在亚政协的主要工作目标是扩大其产品部门，继续扩大会员规模，并进一步加强协会为行业发声的能力。马克拥有伦敦政治经济学院法学硕士学位和多伦多奥斯古德法学院法学学士学位。

商界领袖看中国：抓住广阔市场的发展新机遇

亚洲证券业与金融市场协会拥有140多个会员单位，包括银行，资产管理公司，会计、税务和律师事务所，交易平台和做市商，清算和结算实体，信用评级机构，指数提供商以及其他市场基础设施服务提供商等各种领先的金融机构。我们很高兴与大家分享协会成员认为有机会使中国的资本市场更加高效、对国内外机构投资者更具吸引力的领域。基于协会成员希望能够充分利用中国未来发展机遇的考虑，本文提出了对中国资本市场发展的改进建议。

中国资本和金融市场是世界上最大的同类市场之一，不但在为中国的国有和私营企业筹集、有效分配和管理资本方面发挥着关键作用，而且在吸引人们急需的外国资本和引进机构投资者的专业知识方面也发挥着关键作用。尽管过去几年面临中美关系紧张和新冠疫情突发（2020年）的压力，中国金融市场仍然加快了改革步伐，但中国在股票、固定收益、外汇和衍生品市场仍有较大的改进空间。随着中国经济由高速增长阶段转向高质量发展阶段，与过去20年的迅猛增长相比，中国经济的增速也在放缓。在这种背景下，高效、稳定和精心设计的资本市场对于实现中国可持续增长的国家发展目标来说比以往任何时候都更加重要。这样一个市场可以支持从出口驱动型向消费驱动型的国内创新经济转型，这也是"十四五"规划中提到的"双循环"战略的主要驱动力。

近年来，中国实施了一些重大改革，由于数量众多在此不一一详述。其中一项改革是在2017年成立国务院金融稳定发展委员会，以进一步加强各监管机构之间的合作与协调。另一项改革是在2019年通过引入新的银行基准贷款利率来实现利率自由化。然而，一些关键改革与进一步对外国机构投资者和外资金融机构开放中国金融市场有关,这些举措为中国带来了更多资本和专业知识,加快了国内市场发展。这些措施包括进一步优化股票通(每日配额翻两番,并通过香港金管局与中国人民银行的货币互换信贷额度增加离岸人民币供应)和合格境外投资者(合格境外机构投资者和人民币合格境外机构投资者统称为合格境外投资者)管理办法,取消配额和禁售期的市场准入渠道,本文后面将对此进行详细介绍。这些改革便利了外国机构投资者在一个资本受到管制的国家进行投资,让中国证券被纳入摩根士丹利资本国际指数(MSCI)和富时指数(FTSE)等各种全球股票指数,以及相应的债券指数,如彭博巴克莱指数和摩根大通指数。这为中国带来了大量外国投资,因为任何在全球范围内跟踪这些指数的资产管理公司如今都默认拥有中国投资。

此外,2017年和2018年的改革规定将证券投资公司、基金管理公司和期货公司的外资持股比例放宽至51%和100%,这使得外资金融机构纷纷建立或重组其境内实体。

最后,中国还进行了一系列重大的技术改革,如减少交易暂停和改进股票收盘拍卖,以及逐步考虑在衍生品领域实行终止净额结算的可执行性。

过去,中国在很大程度上依赖一种非常成功的做法,即通过有限的试验和试点项目进行改革试验,在经过仔细和深入的评估后再扩大实施范围。近年来,鼓励资本和金融市场快速发展的重大改革让人们采取更加大胆的做法。我们相信,粤港澳大湾区改革试点将为进一步创新提供相当大的机遇,并成为深化金融市场改革的孵化器,如果能够取得成功,改革最终将扩大到整个中国。

值得重申的是,随着出口和国内基础设施投资等传统经济增

商界领袖看中国：抓住广阔市场的发展新机遇

长驱动力量的减弱，鼓励发展更加深化、流动性更强、投资产品选择更丰富的资本市场的广泛改革议程对维持中国的增长将更加重要。最重要的是，国内资本市场改革主要是为了推动中国经济发展、维护民众和消费者的利益。这包括加强公司治理、最大限度地减少市场失当行为、从以散户为主转型到以专业和机构投资者为主，并对包括技术公司在内的金融市场参与者进行适当监督。

我们预计，作为"十四五"规划的一部分，中国将继续推进资本和金融市场改革，但在拜登政府上台后，中美地缘政治紧张局势非但未能缓和，而且最近已开始从贸易向金融服务领域蔓延。虽然我们预计双方针对金融服务的措施不会进一步升级，但我们预计两国极有可能在数字和技术领域进一步"脱钩"。这将极大地影响数据和技术的跨境使用，将使全球企业在中国境内的运营更具挑战性。

证　券

在中国的资本市场中，股票市场最为发达。然而，如果中国要在股票市场的流动性、透明度和较小的波动性之间取得平衡，解决上市和交易发展面临的诸多实际障碍至关重要。这符合所有投资者（国内和国外）和中国的经济利益。利用技术进步（中国已是这方面的领先者）提高市场效率，同时进行适当的监管、进一步整合资源并与全球市场接轨，对于增强中国在该市场的全球领导力至关重要。

这方面的一个良好例证是上海证券交易所为科技创新公司推出的实行股票发行注册制的科创板，以及包括股票借贷在内的更多市场友好型交易规则。深圳证券交易所紧随其后，仿照上海证券交易所的做法，改进了自己的创业板上市制度。这两项改革都是极佳的例子，可以让中国最具活力的公司更有效地筹集资金，从而为经济增长提供动力。注册制应进一步扩大到两个交易所，应用于更广泛的市场，取代冗长的新股上市监管审批流程，因为核准制削弱了公司的筹资能力，因而阻碍经济发展。[①]

中国股票现在占摩根士丹利资本国际指数新兴市场指数体系的40%，其中5%来自A股，其他35%来自在其他交易所（中国香港、美国）上市的中国股票。就A股而言，目前的5%代表了20%的摩根士丹利资本国际指数纳入因子（仅占中国整体市值的20%）。随着中国继续进行市场改革、进一步放宽全球投资者的市场准入门槛，A股纳入因子有可能再增加5倍，提升到100%的整体市值。

为了促进合格境外投资者通过股票通、合格境外机构投资者和提升指数纳入因子等方式更多地参与中国的股票市场，中国需要在以下方面与全球标准接轨。

合格境外机构投资者/人民币合格境外机构投资者

• 在合格境外投资者渠道中，允许在"T+1"或"T+2"日进行交割与支付，这样境外机构投资者可以更好地整合其全球结算流程。资产安全是全球投资者的主要关注点。

• 允许境外机构投资者通过多个经纪商进行销售，以确保取得最佳执行，以及在合格境外机构投资者渠道中使用直接市场准入（DMA）/程序交易模式。

---

① 2023年2月17日，中国开始全面实行股票发行注册制。——编者注

• 扩大大宗交易窗口,这将鼓励外国机构投资者对中国公司进行更大规模、更长期的投资。

股票通

• 允许内地和香港在节假日进行交易,以避免外国机构投资者处于不利地位。

• 扩大借货沽空交易[①]覆盖范围,不仅允许香港的交易所(即经纪人)参与,交易所的附属机构或持有可借出证券的资产经理/资产所有者也应可以参与。

• 在基金层面而不是在基金经理层面应用短线营利法则,这对于仅仅跟踪指数而不做投资决策的被动型基金经理或管理多个基金和客户委托的大型资产经理来说,是一个很大的问题。

行业欢迎中国近期对合格境外机构投资者交易渠道的改革,改革措施包括:(1)允许外国投资者进入证券借贷领域;(2)允许外国投资者进入作为对冲工具的上市衍生品领域。以上两点使市场参与者能够更好地管理自身风险,并将有助于市场改善流动性和价格发现。扩大的工具组合也吸引了主动型基金经理探索增加在华投资的兴趣。

2018—2019年,二级市场投资活动流量已严重偏向股票通渠道,但由于实施了上述改革,二级市场投资活动流量已重新向合格境外投资者平衡。这些改革仍在早期阶段,行业需要与交易所和监管机构合作来加强该框架,包括放宽对冲额度和提高税收透明度。外国机构投资者流入最初更多是由被动型基金经理主导,

---

① 即融券交易。——译者注

但如前所述，合格境外机构投资者改革如今吸引了主动型基金经理在中国进行更多投资。

固定收益

中国固定收益市场规模在过去两年中增长了近50%，目前达到18万亿美元，是仅次于美国（40万亿美元）的世界第二大市场。中国已成为全球绿色债券市场的领导者，发行量从2014年年底的不到10亿美元飙升至2020年年底的约1900亿美元。由于56%的企业债券由政府相关实体发行，中国的企业债券市场比主要竞争经济体小得多，这主要是由于其对贷款的高度依赖——比例上比美国多50%。此外，虽然债券市场规模很大，但就其规模而言，二级市场的流动性却不够理想。为了更好地将资金分配给具有活力、状况良好、能够促进经济增长的公司，中国需要继续激励公司发行债券，以便投资者能够正确评估发行人的信用风险。为此需要采取若干步骤，最重要的是建立一个独立的信用评级系统，对高质量和低质量的公司进行适当区分。当企业陷入困境时，尤其是国有企业，应允许其违约。自2018年以来，违约事件有所增加，这是市场成熟的标志，将导致重定信用风险的基准。

为了改善信用风险分析现状，需要承认并允许外国评级机构对所有债券进行评级，并确保其能够与本土竞争对手开展公平竞争。监管机构应鼓励国内评级、信息披露和尽职调查程序进一步与国际标准和实践接轨。

改善二级市场的流动性是投资者的另一个关注点，这样他们就可以轻松自信地进入和退出债务资本市场，而不必将每一种工

商界领袖看中国：抓住广阔市场的发展新机遇

具都持有至到期。

衍生品市场也需要进一步发展，使做市商和投资者能够适当地对冲利率、市场和信用风险，这最终将有利于价格发现、降低融资成本，同时优化资源配置。

债券期货是最重要的上市衍生产品，但缺乏流动性。国内五大银行坐拥大部分相关政府债券，但迄今为止这些债券尚未直接进入期货市场，尽管自2020年年初以来法律已经许可这样做。

为了进一步提高流动性，在与同行公平竞争的基础上向更多的参与者提供对冲工具，必须允许合格境外投资者和中国银行间债券市场这些直接渠道向更多国内机构和国际投资者开放。

利率掉期交易的流动性相对较强，但浮动参考利率与企业融资参考利率不一致。与《中国银行间市场金融衍生产品交易主协议》（NAFMII协议）相比，《国际掉期及衍生工具协会协议》（ISDA协议，国际掉期及衍生工具协会为国际场外衍生品交易提供的标准协议文本及其附属文件）的认可度有限，这使得国外和国内衍生品市场分化，从而破坏了流动性。

固定收益市场的另一块基石是运作良好的回购市场，卖方可以将证券借给买方，而买方又可以在市场上交易，为投资者提供流动性。与全球标准相反，中国采取的是债券质押式回购，债券的所有权没有发生转移，这阻止了再抵押，因此降低了流动性，并在交易对方违约或破产的情况下产生风险。中国也没有三方回购，这是鼓励保险公司、养老基金等债券持有人融资或者出借这些证券的重要功能，不过中央结算公司正在研究解决方案。对于更熟悉回购的外国人来说，允许他们通过任何渠道进入这一市场，而不仅仅是目前的合格境外投资者渠道，并使用全球公认的全球回购主协议（GMRA），而不是中国的《中国银行间市场金融衍生产品交易主协议》，是明智的。

为使衍生品交易和回购交易能够顺利运作，中国需要正式承认终止净额结算，最好是通过国务院立法予以承认，否则这些资本密集型工具将显著增加成本。

由于全球固定收益市场由机构投资者主导，所以它们的参与规模——包括国内和国外——需要大幅增加。因此监管需要进行大的调整，即降低对银行持有政府债券的法定流动性要求，从而吸引保险公司、养老基金、资产管理公司等进入市场。监管机构还应考虑通过债券交易型开放式指数基金（ETF）或基金扩大散户投资者可参与的固定收益产品范围，这可以部分释放大量的零售存款（32万亿美元）作为未来发展的潜在来源。

目前，有限的外国机构投资者的参与（3.2%）主要集中在政府债券上，与其他大型债券市场相比规模非常小。在富时罗素宣布将中国国债纳入其全球政府债券指数后，人们对纳入债券指数越来越感兴趣。为鼓励外国机构投资者进一步参与，可以进一步精简各种准入渠道（见下文市场准入部分）。此外，还需要进行全面的免税改革和明晰免税规则（例如，将2021年11月到期的外国投资者增值税和利息预扣税的免税期延长，并将符合条件的债务证券的范围扩大到资产支持票据、资产支持证券和存款证书，外汇资本收益汇回），以使中国与其他市场保持一致。最后，人民币作为国际货币的使用非常有限（根据环球银行间金融通信协会数据，使用率为1.16%—1.88%），美元仍是国际贸易和融资的主要货币。加快资本账户和外汇改革将有助于增加使用人民币融资和投资，这也是我们进入下一个话题的良好切入点。

商界领袖看中国：抓住广阔市场的发展新机遇

外　汇

外汇市场是世界上最大的金融市场。有效和高效的货币兑换是世界金融体系的基础。外汇市场也是全球支付系统的基础，因此交易量非常大，而且往往具备跨境性质。

21世纪初，中国首次表示有意实现人民币国际化，摆脱对美元的依赖。金融危机爆发后的一段时间里，中国开始认识到依赖美元所造成的内在风险，因此加快了人民币国际化的进程。其中，中国人民银行于2005年宣布将实施有管理的浮动汇率制度，其中人民币汇率中间价将参照一篮子货币进行调节，而不是仅仅参照美元，并允许货币在严格的区间内浮动。

2015年12月，中国外汇交易中心（CFETS）发布了中国外汇交易中心人民币汇率指数，用于评估汇率变动。此举尝试将市场焦点从人民币对美元的汇率转移到人民币对其贸易伙伴使用的一篮子货币的汇率，传达出汇率应该反映中国的国际贸易流量的观点。指数最初发布时由13种货币组成，其权重主要基于贸易加权平均值，因此美元的权重最大，占26.4%。2016年12月，中国外汇交易中心指数又加入了11种货币，调低了美元权重。

中国外汇交易中心宣布从2020年1月1日起调整其货币篮子的权重，[①]将美元权重从22.40%进一步降至21.59%。

人民币在全球交易中的同比增长是所有货币中最高的，日均交易量已从2013年的1190亿美元增加到2019年的2850亿美元。在国内，外汇是最大的资产类别，外汇掉期占交易量的48%，成

---

① 2019年年末、2020年年末和2021年年末，中国外汇交易中心人民币汇率指数都进行了权重调整。——译者注

了交易最广泛的产品，因为市场参与者在外汇工具交易方面变得更加成熟，将其作为对冲风险的工具和融资手段。

尽管国内外汇市场有所增长，但即使与其他新兴市场经济体相比，相对于中国国内生产总值和中国与世界其他地区的经济联系，其规模仍然很小。鉴于银行希望向客户提供更复杂的结构化产品，而投资经理也在为应对监管变化而寻求其他投资解决方案，预计对更复杂的外汇产品的需求将增长。应鼓励外汇市场的发展，使企业能够利用新型期权构建高收益率的产品和零成本的对冲策略。产品供应也可以扩展到外汇期货和期权的交易所交易市场，这将为最终用户提供替代的对冲工具，并增加市场的流动性和透明度。

尽管国内需求不断增长，但外汇市场——除了流动性强的现货和外汇掉期——效率低下，成本高，因而吸引力不大。其中一个因素是法规限制了非银行参与者进入市场交易。外汇市场的套期保值目前具有很强的方向性，导致作为流动性提供者的银行的风险积聚。这就导致需要通过扩大利差来收回成本，而这抑制了终端用户的需求。为了通过增加流动性和透明度、降低交易成本来进一步吸引国际资本、发展国内市场，应该取消对市场准入的限制。

对于在岸交易的参与者，外汇交易受《中国银行间市场金融衍生品交易主协议》的约束。这种做法限制了国际市场参与者与国内商业银行进行交易的能力，因为它们通常会使用国际主协议来协助管理信贷风险。由于对抵押品、结算和终止净额结算的处理方式不同，采用不同协议处理在岸和离岸交易会引发基准风险，所以应考虑引入国际主协议。

由于中国希望摆脱对美元的依赖，所以其需要在结算经常账户交易时提高使用人民币作为结算货币的比例。2018年，人民币成为国内国际支付领域和全球国际支付领域第八大活跃货币。在国际支付领域，2018年11月，人民币排名第八，所占份额为1.16%；到2020年12月，其排名和份额均未发生太大变化。

如前所述，人民币在境外的使用量越大，投资者对人民币就越熟悉，这将大大提高外国机构投资者直接参与中国市场的程度。中国已经与30多个国家签订了5000亿美元的货币互换协议。然而，这需要有足够的人民币离岸存款，以确保有足够的流动性。为此，中国需要经常账户或资本账户出现赤字。

监　管

如上所述，中国开展了大量金融市场改革，我们也认识到，要想使改革发挥作用，需要在多个机构之间开展技术合作，这将是一个挑战。然而，从实际落地情况来看，这些措施的实施没有预想的那样顺利，其中一些监管调整虽然受到欢迎，却没有给予市场从业者足够的应对时间。在发布新规则时给予充分告知，并为公众评论和实施提供充足的时间，将大大改善监管规则制定过程。更多的事先协调将有助于确保充分的行业认同，最大程度降低实施风险，这对所有人都有利。

而另一些政策调整后的实施速度比一些市场从业者希望的要慢。监管当局在一年后才首次批准一家国际银行持有国内金融公司的多数股权，而一些国际评级机构的许可证、固定收益参与者的承销许可证、银行和银行卡支付公司的清算许可证则需要相当长的时间——有时是几年——获得批准。通常，税收立法的更新甚至比其他监管变化还要慢。例如，到目前为止，还没有针对

2020年9月发布的新合格境外机构投资者法规所引入的新投资的税务处理法规。我们相信，通过开放外国公司参与国内市场，中国将拥有极好的机会来借鉴发达市场的经验，以避免重蹈覆辙，并取得更大的成功。

在华经营

2016年起，中国允许外资100%控股中国私募基金管理公司。2018年8月起，允许外资100%控股中国的银行。2020年4月起，允许外资100%控股中国的证券公司、基金管理公司和期货公司。截至2020年年底，已有至少32家外资独资私募基金管理公司成立（大部分在上海，1家在深圳，2家在天津，2家在珠海），至少6家外资独资基金管理公司已申请提交中国证监会审批。在中国，我们还未看到有任何外资独资银行或外资控股银行的申请，但截至2020年年底，至少有8家外资控股证券公司获批。外国利益集团显然可以在内地设立全资或控股实体，但正如我们所观察到的，不能因为某种结构模式获批就一直依赖这一种。监管机构进一步明确可接受的结构类型，将为希望在中国建立或扩大业务的企业提供更大的确定性，这将提高各方的工作效率。

简化复杂的监管结构

在任何国家，简单明了的监管结构显然都有诸多好处，因为它能够促进商业活动。在中国，许多监管机构管辖权重叠，这意味着同行业的企业可能需要根据其法律结构获得不同的许可证。例如，银行、保险公司、证券公司和基金管理公司都可以开展资产管理服务，但银行和保险公司由中国银保监会监管，而证券公

商界领袖看中国：抓住广阔市场的发展新机遇

司和基金管理公司由中国证监会监管。

虽然中国人民银行、中国证监会、中国银保监会和国家外汇管理局在2018年4月27日发布的《关于规范金融机构资产管理业务的指导意见》，试图规范金融机构提供的资产管理服务、统一同类资产管理产品的监管标准，但该指导意见尚未实施，我们尚不清楚其在实现既定目标方面的效果如何，因为相似类型的服务仍然归属不同的监管机构和适用不同的监管规则，这不仅让市场参与者，也让广大投资者感到困惑。

在投资和资产管理业务中，对公募基金和私募基金、保险和养老金产品、投资管理和咨询服务以及对内和对外投资实行不同的规定并不奇怪。然而，在中国需要设立单独的实体来提供不同的服务［例如，服务于零售基金的基金管理公司，服务于私募基金的私募基金管理公司，服务于境外投资基金的合格境内有限合伙人（QDLP）］。与其他金融中心（包括香港）不同的是，内地企业不能设立一个持有不同执照的单一实体，来同时开展多项基本相同的业务。这导致在华经营的企业经营成本增加，营利能力降低，尤其是那些计划开展多样化业务和扩大业务范围的外资和内资企业。不仅为了外资企业，也为了内资企业和广大投资者，建议中国进一步简化监管结构，允许单一实体开展多种基本相同的业务，尤其是资产管理业务。任何潜在的利益冲突都可以通过要求企业建立"中国墙"① 将不同的业务线分开来应对，这在其他主要国家是很常见的，而不是要求由不同的经营实体来负责不同的业务线。

另一个挑战是，获得了经营许可后，合法合规也有不透明

---

① 证券法规专用语，指在组织中建立信息障碍以防止可能导致利益冲突的沟通或者交流。——译者注

性。现实是,中国的法规常常难以解释,而且这些法规往往相互交叉或重复,因此执行起来颇有难度,而且许多规则的设计并没有考虑外资企业与运营模式。《个人信息保护法》和《网络安全法》就是典型例子。这两部法律要求企业的所有活动对监管机构极度透明,如提供监管报告,通常意味着每个企业每月需要提供数百份报告。最后,如上所述,随着中国不断对标全球其他监管框架,大量监管调整一下子涌现出来——以中国的速度——这意味着即使理解这些审批制度和监管规则,在中国经营也会面临挑战。

跨境信息共享、网络安全和全球实践

中国认识到,让更多的外资或外资控股金融机构在中国开展业务的好处之一是有机会将成熟的全球实践引入中国,提高国内参与者的水平,从而使其能够更加有效地参与全球竞争。然而,在内地设立外商独资或控股实体时,外资机构会遇到一些运营上的挑战,这些挑战的解决将不仅有利于外资金融机构,也有助于推动中国资本市场的发展。

例如,全球性金融机构遇到的最大挑战之一是中国的法规限制了在岸实体与其离岸分支机构之间信息、知识和技术的共享,这对在华经营的国际金融机构以及促进资本流入支持更广泛的经济增长产生了极大影响。

中国政府对其公民的数据隐私保护,尤其是对个人数据的关注是合理的,这一点与其他国家并无不同。但我们认为,政策的制定应合情合理。个人信息对金融业至关重要,已经受到高度监管,同时,对这些信息的收集和处理进行相应的保护对保持金融市场的完整性以及广大客户和企业的信心至关重要。虽然政府制

商界领袖看中国：抓住广阔市场的发展新机遇

定网络安全标准也很重要，但这不应影响金融服务提供商在华提供合法服务、开展合法业务和/或遵守国际反洗钱条例和KYC[①]要求的能力。现行法律使得外资和内资企业在跨境数据流动和符合全球最佳实践的技术应用领域都很难预测中国的商业环境。

这意味着企业的人员、流程、系统和数据的本地化程度要高于亚太地区的许多市场和全球新兴市场，这往往会导致企业使用单一的技术，与高效的全球运营模式相背离。这对全球金融机构来说是一个特别的问题，因为这些机构通常会部署全球内部控制系统，以确保运营符合当地法规和全球要求，包括通过全球服务中心的管理遵守反洗钱和打击资助恐怖主义的相关法律。本地化并不能改善数据保护。恰恰相反，烦琐的本地化要求给企业运营带来了技术操作上的复杂性和额外的管理分层，这两种情况最终都会危及网络安全和风险管理，本地化还削弱了企业在全球范围内使用云技术的能力，而云技术可以提供一流的网络安全和技术。

鉴于中国对数据和隐私的独特处理方式（例如，企业的政策和运营模式需要本地化，或者划出豁免内容，这使得企业在华运营效率变低），外资企业需要花费大量时间与精力管理内部利益相关者，向他们解释为什么。最后，驾驭中国监管环境的复杂性，加上在外资企业内部存在的国际环境中运营必需的知识，意味着需要一个强大的本地管理团队按照企业文化和原则，并在管理层的信任下开展经营活动并进行决策。但在中国，具备这种独特技能的人才比较少。这使得寻找、培训和再培训员工成为一种挑战，而与此同时竞争对手都在努力建立和扩大业务。

---

① Know Your Customer，充分了解你的客户。——译者注

同样重要的是要认识到，跨境数据共享不仅有利于将内部控制管理的最佳技术与实践和大型公司（尤其是全球性公司）的合规经验引入中国，同时也有利于中国金融业及从业者的整体发展。我们建议放宽或明晰一些禁止跨境信息共享的法规，以允许基于合法理由和适当保障措施的跨境信息共享。

在岸和离岸实体之间的跨境研究共享——尤其是对全球性金融机构而言——对于中国资本市场与世界资本市场的最终融合尤为重要。纽约、伦敦、香港和新加坡等金融中心的监管机构争相吸引投资组合经理和研究分析师等投资专家到它们的辖区，这样做也符合中国的利益。明确在岸管理人管理在中国境外销售的离岸基金不会影响这些离岸基金在华设立常设机构，将进一步鼓励专业投资人士迁往中国，这不仅有利于中国境内投资管理业务的发展，也有利于为中国投资人员接触离岸基金管理业务提供宝贵机会。

完善公平的竞争环境

中国在过去两年间取消了对大多数金融机构的外资所有权限制，这一做法令人交口称赞，但还存在某些政策和不成文的规则。例如，我们了解到，根据"一参一控"政策（一家基金管理公司的股东只能拥有一家基金管理公司的控制权，在另一家基金管理公司只能持有少数股权），[①] 中国证监会在实践中不会允许一个外国股东拥有多家基金管理公司的股权。这对外资企业没有好处，也帮不了内资企业。"一参一控"政策也适用于银行，但许多外资银行都在一个集团之下同时开展银行业务、证券经纪业务，

---

① 指一家金融机构或者受同一实际控制人控制的多家金融机构参股证券基金经营机构的数量不得超过2家，其中控股证券基金经营机构的数量不得超过1家。——译者注

甚至资产/财富管理业务。如果将这一政策应用于集团层面，那么它对外资银行的不利影响将大于对内资银行的影响，如果中国能明确地指出依据机构类型而非在集团层面实施这一政策可能会有所帮助。

在华投资

最后，正如人们经常提到的那样，中国显然希望吸引更多外国资本，而外国投资者也显然对投资中国资本市场感兴趣。

然而，众多的投资准入渠道及其不同的要求和投资范围让外国投资者非常困惑，导致他们难以轻松地投资中国股票和债券市场。

经过近20年时间，中国终于在2020年9月简化了其第一个外国投资者投资准入计划——合格境外机构投资者计划，并与随后的人民币合格境外机构投资者计划合并为一个合格境外投资者计划。在此期间，中国还于2010年推出了外国机构投资者投资银行间债券市场的在岸准入计划，随后在2014年推出了上海和香港证券交易所之间的离岸股票通计划，在2016年推出了深圳和香港证券交易所之间的离岸债券通计划，在2017年推出了外国机构投资者投资银行间债券市场的离岸债券通计划。

由于这些计划的投资范围（在岸计划投资范围更广，可参与的活动更多）和操作要求（如在岸投资时的资本控制）不同，外国投资者往往不得不在两个准入渠道中进行选择，或者通过多个准入渠道进行投资但要付出时间和金钱成本，且通常需要不同的基础设施或系统支持。正如金融机构必须通过许多不同实体在华运营一样，外国投资者通过多个准入渠道在华投资导致投资极其低效。对统一市场的准入渠道进行调整,例如将银行间债券市场直投模式(CIBM Direct)和债券通(Bond Connect)与银行间债券市场对接,将大大减少相关复杂性,降低外国投资者在华投资的难度。他们希望能够在一个整体计划中整合业务,以方便管理和减少重复,最大限度地降低运营风险,从而实现成本效益并为其最终投资者优化回报。

延伸阅读:

有关中国资本和金融市场的更深入分析,请参阅以下文件:

1. 亚洲证券业与金融市场协会:《中国资本市场:加速变革》(China's Capital Markets: The Pace of Change Accelerates),2019年6月。

2. 亚洲证券业与金融市场协会:《进入中国资本市场》(Accessing China's Capital Markets),2021年1月。

3. 国际资本市场协会(ICMA):《中国企业债券市场的国际化》(The Internationalisation of the China Corporate Bond Market),2021年1月。

4. 国际掉期及衍生工具协会(ISDA):《发展安全、稳健和高效的中国衍生品市场》(Developing Safe, Robust and Efficient Derivatives Markets in China),2021年12月。

5. 欧洲商会:《脱钩:被切断的联系和拼凑的全球化》(Decoupling: Severed Ties and Patchwork Globalisation),2021年1月。

6. 世界经济论坛(WEF):《信任的数据自由流动:通往自由和信任的数据流动路径》(Data Free Flow with Trust: Paths towards Free and Trusted Data Flows),2020年6月。

7. 亚洲证券业与金融市场协会:《虚拟数据存储的技术中立原则》(Technology-Neutral Principles for Virtual Data Storage),2019年6月。

商界领袖看中国：抓住广阔市场的发展新机遇

中国、逆全球化与跨国公司：未来10年，东西方跨国公司将何去何从？

韩微文　〔英〕陆建熙*

韩微文，贝恩公司大中华区总裁，同时担任贝恩公司全球董事会成员，参与贝恩公司在全球范围内的发展战略与运营方向决策。他拥有25年以上丰富的管理咨询经验，不仅精通零售、私募股权两大专业领域，还具有丰富的跨行业、跨领域、跨文化的项目经验，尤其擅长战略规划、运营提升、兼并购、组织优化等方面。同时，他还致力于企业管理研究，是贝恩经典管理畅销书《创始人精神》的特约中文著者，福布斯中国特约专栏作者。他拥有芝加哥大学商学院工商管理硕士和复旦大学管理学院理学学士学位。

---

* 作者感谢贝恩公司合伙人安德鲁·施威德尔（Andrew Schwedel）、张咸毅（Kevin Chang），以及贝恩未来（Bain Futures）业务高级经理托马斯·德夫林（Thomas Devlin）对本文的贡献。

第二部分　分析与建议

陆建熙，贝恩公司资深全球合伙人，大中华区消费品业务、组织转型业务的领导团队成员，常驻香港。他同时担任贝恩公司全球未来企业研究院主席，负责集合贝恩全球网络的专家智囊团，共同研究未来趋势对企业的影响。他在欧洲、北美和亚太地区拥有30多年的跨国工作经验，专注于企业战略、成本管理、运营改进和组织效率等方面的转型项目。他在品牌、国际扩张、增长战略和未来企业等方面发表的观点经常被财经类媒体引用。他拥有伦敦商学院工商管理硕士和剑桥大学文学学士学位。

数个世纪以来，西方跨国公司一直处于全球商业食物链的顶端。

英国东印度公司和荷兰东印度公司开先河，以准政府风格行事：控制整个地区，发行货币，向公共投资者兜售股票和债券，并拥有私人军队。它们的经营得到国家许可，以贸易攫取财富的同时，满足帝国扩张的野心。当时中日两国受闭关锁国政策的影响，基本切断了对外贸易往来，欧洲公司得以独领风骚。

这些17世纪的先驱者及其继任者在政治学家塞缪尔·亨廷顿（Samuel P. Huntington）所谓的大分流浪潮中乘风破浪，使欧洲经济在这一时期快速增长，并在18世纪进一步提速，也使得全球经济活动的重心从东方遽然转向西方。

但近年来，大分流已让位于大融合。这一趋势始于日本在20世纪70—80年代的繁荣。日本在国内市场快速增长的同时，汽车和消费电子等行业也成功实现突破创新，从而奠定了在国际市场上的领先地位。

大约在同一时期，中国宣布改革开放，自20世纪中叶以来首

商界领袖看中国：抓住广阔市场的发展新机遇

次允许外国公司在华经营。很快，中国就成为人们趋之若鹜的未来增长前沿。

大批跨国公司都想进军中国市场，这合乎情理——在过去10年中，中国占到世界经济增长总量的近45%。但中国的蓬勃发展恐将有所放缓：未来10年，中国对全球国内生产总值增长的贡献度可能会降至30%左右（见图1）。

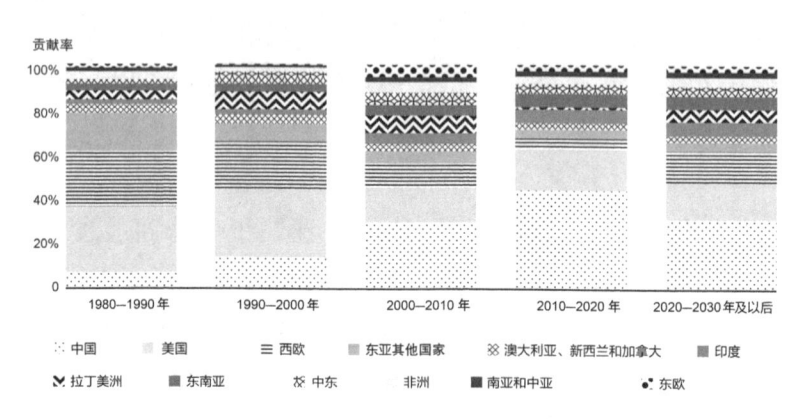

图1 各个经济体对全球国内生产总值的贡献（按2015年美元价格）

资料来源：经济学人智库（EIU）。

与此同时，中国企业的出海雄心与日俱增，国际业务销售份额实现翻番，从2005年的5%增至2018年的10%。联想、海尔、万洲国际和中国建筑等公司已在国际市场上形成有力竞争态势。

全球贸易正在迈入全新发展阶段。地缘政治紧张局势不断升级。面对新冠疫情造成的供应链中断，部分企业将生产移回国内。来自新兴市场的区域龙头势头强劲。非中国跨国公司可能会发现，中国市场已然改变，以前的游戏规则不再完全适用。而中国跨国公司可能重新认识到一个事实：中国将在不久的将来为它们提供更大的发展机会。

第二部分　分析与建议

跨国公司在中国能否再创辉煌？

曾几何时，中国巨大的市场规模和持续40多年的增长为各行各业的跨国公司发展业务、学习新技能、建立新的伙伴关系提供了肥沃土壤。

但今时不同往日，中国市场的超高速增长一去不返。跨国公司在中国市场份额持续上升的轨迹已开始改变，在中国经济总量中的份额从2005年的16%下降到2018年的10%。

许多领先的跨国公司没有机会赶上中国的发展浪潮，至少尚未得益。为了减少损失，欧尚、亚马逊和优步等知名企业已选择退出中国市场或缩减在华业务规模。在一些行业中，跨国公司几乎全军覆没，乏善可陈。

• 科技行业。脸书、谷歌、推特和阅后即焚（Snapchat）等公司还在努力获取参与中国市场竞争的机会，即使是像高通之类境遇好得多的硬件公司也前途多舛。伴随中美经济和技术生态系统可能"脱钩"的前景，跨国公司想保持在华盈利增长将更具挑战。

• 零售业。中国令许多国际零售商折戟沉沙。它们往往无法跟上本地竞争对手的步伐，在成本上无法匹敌，在选品和定价上的决策速度以及品类管理等方面也难以与本土企业媲美。最关键的是，在过去5至10年，本土公司拥抱数字化和线上商业模式的速度令跨国公司望尘莫及。

• 媒体行业。中国的前10大媒体公司都是本土企业。世界上大多数媒体巨头对中国市场望而却步。

商界领袖看中国：抓住广阔市场的发展新机遇

- 电信行业。中国的电信行业也几乎难见外国企业的身影。

然而，也有一些领域的跨国公司志得意满，成绩斐然。

- 私募股权投资领域。尽管面临本土基金对有限合伙人、交易和人才的激烈竞争，但国际私募股权投资公司在中国表现仍令人惊艳，这主要得益于其全球交易网络，以及数十年来在尽职调查、价值创造计划和收购后运营提升方面积累的深厚经验。
- 医疗保健领域。跨国公司已在初级保健、老年护理、医疗专业培训、肿瘤学、生育、骨科、牙科治疗、眼科和诊断成像等领域把握住机遇。尽管这些领域出现了一些本土民营企业，但具有专业知识和创新技术的外国公司仍有很大发展空间。
- 消费品领域。几十年来，中国的消费品市场一直保持增长态势。虽然在过去5年中，食品饮料、家庭护理和个人护理领域的本土品牌占比有所提高，但跨国品牌仍实力强劲。
- 制造业领域。在低附加值制造业领域，跨国公司历来很难与成本更低的中国生产商抗衡。但在汽车、电梯系统、化工及航空航天等高附加值领域，跨国公司却如鱼得水。事实上，中国恰是它们的关键战场。

金融服务业也在不断变化，各细分行业中对外国参与者的监管逐步放宽。虽然本土银行和保险公司仍占主导地位，但越来越多的跨国公司，如贝宝、贝莱德和安联，纷纷加大在中国的投资，设定高远的战略目标。

中国的影响力独一无二，不过未来几年，增长亦将呈现多元化趋势。中国以外的其他国家将在增长中占据更大份额。同时，在多极世界秩序之下，地缘政治将从两个方面对非中国跨国公司的战略产生更大障碍。

第一，中美地缘政治紧张局势加剧，美国政府的对华关税、中国网络设备禁令、外国企业所有权限制等都是明证，多年来的全球开放贸易局面将发生逆转。两国在新兴数字技术上的争夺战令身处其中的科技公司首当其冲受到影响。

第二，同时依赖中国和本国市场的跨国公司将发现越来越难两全其美。各国政府在数据隐私、环境责任、劳工权利、会计标准等方面都各有侧重，发生冲突在所难免。

面对地缘政治冲突，部分公司可能会不知所措，进而彻底放弃或调低中国目标。对某些公司而言，调整中国业务的治理模式或资本结构也不失为一种应对之道。

中国跨国公司能否在国际市场赢得一席之地？

从数字上来看，大量中国企业正致力于国际扩张。自2005年以来，中国跨国公司的海外销售额每年保持10%的复合年均增长率，比美国、日本和欧洲公司的增长率高出一倍多。目前中国跨国公司有3400家，几乎相当于美国和西欧跨国公司数量的总和。

正如工业革命在大分流时期推动了欧洲的蓬勃发展，数字革命同样加速了中国作为经济强国的重新崛起。从电子商务到游戏，从支付到人工智能，中国企业已经跻身于全球数字创新领域的佼佼者之列。

联想、海尔和华为等先行者成为中国企业全球增长的探路人。借着2001年中国加入世贸组织的东风，这些企业往往通过巧妙收购西方品牌发展国际业务。

商界领袖看中国：抓住广阔市场的发展新机遇

随着2013年中国发起"一带一路"倡议，主要针对新兴市场的大规模基建项目纷纷上马，包括中国建筑和中远海运在内的相关企业开始在海外飞速发展。这些项目也为中国企业进入其他领域打开方便之门。

在过去10年间，大量企业前赴后继致力于中国的国际化进程，包括智能手机制造商vivo、游戏和即时通信巨头腾讯、汽车制造商吉利、化工企业万华集团以及太阳能硅片制造商隆基绿能等。最近，支付、医疗和快递等领域的新一批锐意创新者将国际增长明确视为战略重点，迈瑞医疗和顺丰速运就是其中翘楚。

尽管中国跨国公司数量在不断增长，但实际上，先行企业更像是一群超常先锋，而不是为后人开辟道路的先驱。从某种意义上说，达到全球规模的中国跨国公司可谓凤毛麟角。虽然从各个行业来看，许多中国公司都重视国际增长，但它们与其他跨国企业相比仍然存在几点差异。

首先，海外销售在中国跨国公司业务中所占的比例要小得多（见图2）。其次，它们主要聚焦于较小的新兴市场，而非西欧和北美等利润更高的市场。最后，这些公司将其大部分制造业务留在中国，未实现本地化布局。

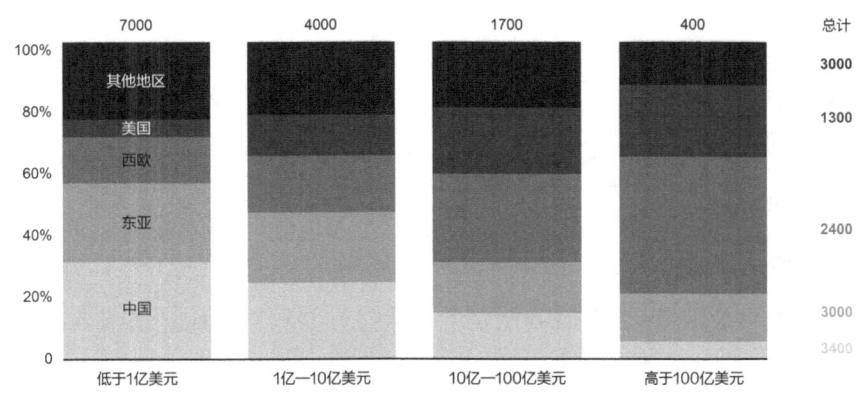

图2 2019年各经济体跨国公司海外收入

备注：只包含上市公司；跨国公司指的是有海外业务的公司；中国的统计口径包含香港特别行政区。

资料来源：路孚特（Refinitiv），贝恩分析。

此外，中国跨国公司未来的国际增长将受制于三大挑战。

首先，地缘政治紧张局势再次出现。美国将华为和中兴列入"实体名单"，特朗普政府迫使字节跳动把抖音海外版出售给美国公司。如果中国与西方的关系持续恶化，对中国企业的限制可能会延伸至敏感技术以外的领域。虽然中国跨国公司可能会继续从"一带一路"倡议中找到机会进入新兴经济体，但它们在西方的扩张或将面临更多阻力。西方市场尽管增长放缓，但仍占全球经济总量的一半以上。

其次，中国品牌在外国消费者中难以产生共鸣。在福布斯2020年发布的全球品牌价值100强榜单上，只有1家中国品牌上榜。[1] 西方品牌拥有文化软实力，而日本和韩国企业也通过半个

---

[1] 《2020年全球品牌价值100强榜单》（The 2020 World's Most Valuable Brands），福布斯，https://www.forbes.com/the-worlds-most-valuable-brands/#11494a2f119c。

商界领袖看中国：抓住广阔市场的发展新机遇

世纪的耐心打磨创造出了独具魅力的国际品牌。

中国企业完全可以复制它们的成功，但这一切尚未发生。目前，中国品牌的主战场仍在国内。好在中国品牌在过去10年对创新研发的投资和重视已经得到回报，中国企业如今已不再是单纯的模仿者和快速追随者。

最后，中国企业正面临着政策环境的转变。在过去10年里，全球需求疲软加之他国的制造竞争日益加剧，中国企业的利润率开始下降。中国上市企业的总资本回报率已远低于其资本成本（见图3）。在利润率持续下滑的背景下，中国企业越来越依赖债务融资支持业务扩张（见图4），这将威胁企业的可持续增长。

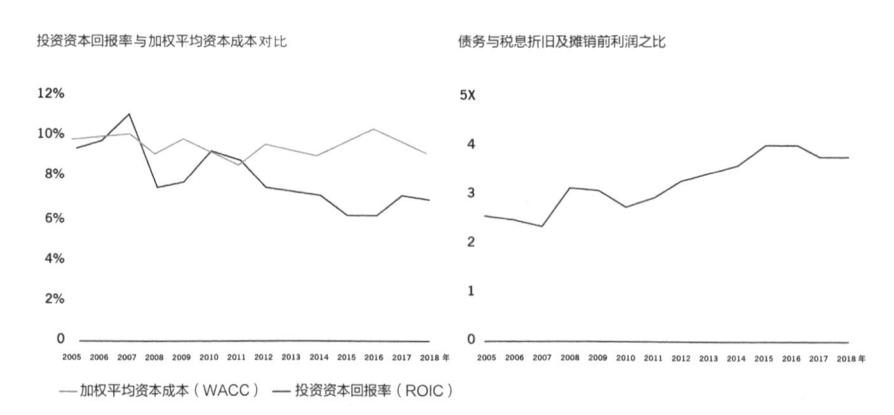

图3 中国企业越来越难以回收资本成本　　图4 中国企业日益依赖债务融资

注：包括上市的非金融企业；中国的统计口径包括香港特别行政区；投资资本回报率按商誉和减值进行调整。

资料来源：路孚特，贝恩分析。

中国政府通过政策调控收紧杠杆依赖型国际增长，提出"双循环"新发展战略，以国内大循环为主，加强国内生产、流通和消费环节，减少对海外市场的依赖。

近年来，万华、迈瑞、腾讯和vivo等公司取得了令人瞩目的成就。但总体而言，中国跨国公司在未来10年内较难出现全方位大规模的增长。

过去40年，全球化在跨国公司的助力下，成为企业营利黄金时代的主要推动力。但目前的地缘政治形势无疑正在拖慢全球化的步伐，甚至导致出现逆流之势。

尽管如此，中国市场仍将继续上演令人向往的增长故事，本土企业和本地化跨国公司表现将尤为耀眼。

商界领袖看中国：抓住广阔市场的发展新机遇

中国行业巨头能否成为真正的跨国公司

〔法〕戴　璞

　　戴璞，罗兰贝格全球管理委员会联席总裁。他在中国的职业生涯始于1993年，当时他为法国能源巨头法国电力集团（EDF）工作，之后进入管理咨询行业，并于2001年加入罗兰贝格，重点关注能源与环境领域，凭借其深厚的咨询专业积累与丰富的行业经验在美国、欧洲、亚洲开展咨询项目。他自2007年起积极关注与支持罗兰贝格大中华区业务，近年来一直致力于推动大中华区业务的转型升级并负责多个行业中心。2020年，他获选加入罗兰贝格全球管理委员会，担任全球管理委员会联席总裁，参与管理罗兰贝格全球事务。他拥有巴黎政治学院组织社会学硕士学位。

第二部分　分析与建议

2020年，在审查中国技术行业领域一家主要企业的战略时，我向该公司的管理委员会发表了讲话，中间说道："你们不是一家跨国公司，你们仍是一家中国公司。"2020年，这家公司40%的收入来自海外，所以我的这句话引发了与会人员长时间的沉默，随后大家展开了一些议论，直到一位关键的管理人员承认我说的可能是对的……

何为跨国公司？维基百科认为，跨国公司是指在本国以外的至少一个国家拥有或控制商品或服务生产的公司组织。《布莱克法律词典》(*Black's Law Dictionary*)中写道："如果一家公司或集团的25%或更多的收入来自母国以外的业务，就应被视为跨国公司。"因此按理来说，我们的客户应被视为一家跨国公司，但它为何会被我视为一家中国公司呢？因为它缺乏全球生产足迹，治理、管理和商业实践极其中国化，除商业活动外，与大多数当地社区少有接触，对就业的影响很小，而且品牌知名度基本局限在中国人群体中。

对中国公司而言，收入强劲但全球化程度较低是一个矛盾现象。得益于庞大的国内市场和熠熠生辉的商业创新，中国公司规模巨大并拥有与生俱来的企业家精神。2020年《财富》世界500强榜单中133家中国公司上榜，数量超过了美国公司。然而，其中只有29家公司的跨国化指数超过20分，而排名前100位的西方公司的平均得分超过50分。中国公司当然不乏走出国门的动力。它们积极开拓全球市场，致力于购置资产以提升自身在全球价值链中的地位，正如日本公司在20世纪80年代做的那样。此外，每位中国高管的管理手册中都有西方跨国公司的最佳实践案例。他们认为，伴随着中国融入世界的步伐，获得全球管理知识只是时间问题。

然而，时间不会停滞不前，全球市场不会仅仅为了中国公司就停下脚步。鉴于新冠疫情大流行加速了政治上的两极分化，中国公司正日益受到全球商业界的挑战。在这种情况下，赢得全球合作伙伴是当务之急。在不断恶化的全球环境中，罗兰贝格正通过重新评估中国企业的战略、组织和文化以帮助其实现转型。我们非常清楚，通过单一文化组织实现中国供应链效率最大化、增加全球销售收入的传统思维方式并不适合当今以价值为导向的世界。现在不是中国企业停止扩大其全球足迹的时候，而是充分利用中国特色进一步推动其全球化的时候。

由于政治、技术和监管领域的不确定性，中国跨国公司的传统管理方式在目前的全球平台上将无法发挥作用

与20世纪末实现全球化转型的西方跨国公司不同，中国跨国公司如今面临着不断恶化的政治环境。随着20世纪80年代新自由主义思潮的兴起，跨国公司进入了一个全盛时期，它们重新进行产业定位以降低成本，并为全球贸易构建多边规范。然而，2008年金融危机过后，昔日的美好一去不返。加速失业和收入不平等等全球化的副作用使西方国家的政治体系受到冲击。一方面，中美货币政策错位现象依然存在，表现为美国国债因量化宽松政策及"亚洲支点"战略而贬值。另一方面，美国挑起的贸易摩擦、发起的技术禁令和退市对中国公司构成了新的挑战。尽管拜登重新走上了盟友友好型道路，但他的价值驱动型外交政策并未改善中国跨国公司的处境，而且特朗普时代的大多数措施仍然有效，中国日益被视为美国的经济、技术和政治对手，被认为对美国的长期统治地位构成了"威胁"。

随着技术的进步和新监管框架的形成，颠覆性的全球价值链为中国跨国公司带来了新的不确定性。经过半导体和互联网行业几十年的发展，硅谷模式在产品定义、研发流程、企业文化和市场竞争方面给欧洲汽车行业等成熟行业带来了挑战。自然，数字化催生了新的监管框架，如欧盟的《通用数据保护条例》和数字主权、全球范围内数据安全法的制定，及对反垄断和数据安全的全球性重视。然而，监管的范围还不止这些。为应对气候变化，各监管机构正在积极推动碳定价，并在欧洲、美国、日本的贸易和碳边境调节机制（CBAM）中增设更多强制性的环境、社会和公司治理规则……这将重塑全球竞争力。然而，从竞争模式的转变到重塑全球价值链尚需一些时日。中国跨国公司必须重新思考开展真正的全球业务的基本逻辑。

传统的跨国公司经营模式并不适合中国公司。在工业经济中，国际性的商业友好型环境促成了组织的路径依赖。这样的环境滋养了总部集权、总部主导的企业文化，因为跨国公司可以简单地复制总部的生产流程、商业模式和企业管理模式，在海外实现蓬勃发展。然而，随着数字经济和政治分化导致的全球市场的分散化，维持传统的"中心—外围"依附型发展模式已越来越不可行。因此，企业在制定战略时必须适应本地的生态系统。换言之，总部仍可以为每个办事处制定整体战略，但决策过程也必须有当地办事处的参与。

在过去的几十年里，西方跨国公司已经学会了如何在跨文化组织中实现战略本地化，以及如何通过游说或合规操作来谨慎处理政府关系。然而，如今的不确定性即使对它们而言也是意料之外和难以承受的，更不用说对中国跨国公司了，其在全球范围内面临着更加两极化的政治局势。

商界领袖看中国：抓住广阔市场的发展新机遇

尽管存在诸多不确定性，中国企业的全球化动机依旧强烈

第一，企业需要扩大规模，激发增长潜力。尽管中国国内市场需求巨大，但竞争很激烈。由于中国的信息透明和快速接受文化，一旦一种新的商业模式获得成功，新的市场进入者往往会迅速模仿甚至复制这种模式，从而压低利润，造成产能过剩。面对销售停滞和利润下降，企业必须向海外扩张以扩大业务规模。同时，向海外扩张也有助于实现规模经济，从而降低成本。

第二，跨国公司可以借助其在多个国家的业务以利用最有利的经济条件。由于在全球多个地方都有业务，所以公司能够获得更多资源。中国开放市场初期，外国跨国公司在华设立工厂是为了利用中国的廉价劳动力优势，但如今许多公司选择将其供应链设在越南、印度尼西亚和柬埔寨等新兴经济体，以寻求提高劳动生产率以及创新和技术能力（并规避关税）。另外，灵活的运营地点增加了外包业务的便利性，因为这种做法能够优化运营，从而有效降低成本。在中国公司的驱动下，已签署的《区域全面经济伙伴关系协定》将进一步推动供应链的区域化。

第三，中国企业需要提升自身的品牌与企业影响力，将自身形象从"廉价中国"转变为"品牌中国"。中国企业越来越意识到品牌在吸引消费者、获取更大利润方面的力量，希望通过对品牌的投资来提高收益率。成为跨国公司将有助于改变中国企业在国内外市场上的形象，从而形成对中国品牌的新认识。从"中国制造"转变为"中国智造"（在中国设计和研发，在其他地方制造）也将有助于实现这一目标。西方公司早已完成这一转变。这

样做为什么会有所不同呢？这样做，可以通过在其他国家产生更大的地方影响力来得到当地政府更多的尊重，进而在如今这样一个两极分化的世界里打消对中国投资的疑虑。

第四，中国和其他跨国公司可以通过对全球劳动力的了解来利用大量的技术专业知识。在海外开展业务时，缺乏对当地商业实践的了解可能会对公司发展不利，因为一家公司不能将以前的经验简单地复制到一个具有不同消费习惯和商业环境的新地区。换言之，要想获得成功，就需要获得当地的专业知识。而跨国公司能更容易地进入当地劳动力市场，获得自身所需的关于当地人才的一手资料。这种信息优势对于需要特定技术专长的行业至关重要，如基础设施、金融技术、工程等行业。此外，通过成为跨国公司，中国公司还能够获得外国人才，以提升自身的技术和管理能力。

此外，地理位置和投资组合的多样化有助于形成不同的市场和组合效应。引导一些传统公司冒险进入消费市场的创造性投资组合发展战略，将在金融服务、娱乐、酒店、旅游或其他非核心活动方面带来更高增长。这些公司最终可能会发展成为企业集团，而后这些公司可以通过重组国内国际市场，将其传统业务变成一根支柱，也可以在逐步淘汰这些传统业务的同时，在国内国际范围内收购和拓展其他业务。这种发展模式的第一阶段是困难的，因为大型中国企业集团往往随机投资于分散的活动，资本动员或业务协同效应有限，并且总是处于资产负债过重的状态。相形之下，利用国家以及私人资本和贷款来建立韧性企业集团将是一种更佳选择。这颇类似于20世纪韩国和日本贸易公司的贸易与金融驱动发展模式。

商界领袖看中国：抓住广阔市场的发展新机遇

尽管成功跻身于《财富》世界500强榜单，但只有少数中国公司被视为跨国公司

尽管一些中国公司已成功跻身于世界最大公司的行列，但却尚未成为真正的跨国公司。许多在海外拥有可观收入的领先中国公司仍被视为中国公司，而非全球公司。一些中国巨头甚至懒得在海外开展重要活动，因为截至目前，国内市场往往更具吸引力，发展阻力更小。我们把这种现象称为国内市场的"黑洞"，它吸引了所有的人力和财力资源。即使是那些拥有全球业务的公司，其品牌的海外知名度也很难与可口可乐、通用电气、迪士尼、丰田、索尼和谷歌等全球顶尖企业相比。例如，虽然联想目前72%的收入来自中国以外的地区，其最高管理委员会成员来自6个国家，其职位最高的100名管理人员来自17个国家，但这一成就却只能归功于联想对国际商用机器公司（IBM）的海外收购，而联想的技术创新和品牌知名度在全球市场上仍然很低，因此它未能跻身于真正的跨国公司行列。如果仅满足海外创收维度的标准尚不足以成为跨国公司，那么要想成为真正的跨国公司，需要具备哪些条件呢？

能否成为跨国公司，不仅取决于其海外销售规模或市场份额，还取决于其全球影响力。首先便是企业品牌，但事实上很少有大型中国公司在海外拥有知名品牌。许多中国大公司一直专注于在国内而非在国际上构建强大的品牌形象。在《财富》2020年世界500强榜单的133家上榜中国公司中，只有少数因其全球影响力而扩大了规模。中国是美国最大的进口来源国，但2013年的两项调查显示，只有6%的受访者能说出一个以上中国品牌。

其次，必须制订综合且独特的发展计划。正如一国的稳定发展需要明确的发展规划一样，一个企业的发展同样离不开明确的发展计划。一项明确的发展计划不仅能够有效地推动企业的发展，还能巩固公司的核心价值、战略以及对未来世界商业格局的潜在影响。例如，如今人们如此信任特斯拉的一个主要原因是其首席执行官埃隆·马斯克（Elon Musk）数十年如一日地遵循着自己的商业计划，不仅将特斯拉的故事塑造成了一个榜样，更将其缔造成了一个传奇，为公司增加了巨大的价值。

再次，就国际管理而言，一个综合的组织架构同样至关重要。在开展国际项目时，跨国公司通常会有一个本地化的运营团队，这一团队能够完全融入企业决策。同时，许多跨国公司会开展一些国际项目以培养新人才，培养一批能够为企业发展提供直观指导的国际化管理人员。大多数跨国公司的国际和国内管理架构中都有外国人的身影。

最后一点是全球技术的影响。跨国公司在刺激多个行业的技术发展方面发挥了重要作用。变革性技术必然会对塑造公司的长期影响力作出贡献。举一个最经典的例子，福特的精简生产模式不仅改变了汽车行业，也改变了整个制造业。另一个例子是苹果公司独有的iOS系统，它改变了人们使用手机的方式。

回顾中国公司全球化的进程，这些公司往往倾向于主动收购外国公司，以实现规模经济、技术升级和市场扩张，但却仍未能成为真正的跨国公司。

中国企业的全球化经历了几个阶段。早期，中国企业的全球化以贸易和与贸易有关的金融为主导，尤其是在20世纪90年代政府实施"走出去"战略的背景下。中国国有企业在国外（尤其是发展中国家）进行了大量投资，主要目的是获得自然资源。在

商界领袖看中国：抓住广阔市场的发展新机遇

接下来的10年中，中国的海外分支机构明显增多。例如，中海油、国家电网、南方电网、中石油、中石化、华能以及国电集团利用新上市公司，通过在同行公司或项目中持有少数股份参与国际活动。然而，这些公司中只有少数有明确的国际市场竞争意图，而且许多项目由于规模有限且较为分散，并因自身缺乏协调海外业务的经验，最终往往会出现一些问题。

在第二阶段，中国公司开始参与国际并购以获取关键技术和资产，为国内发展提供支持。中国对美国和欧洲等成熟市场的投资反映了其对先进技术的追求。中国公司通过142笔交易向美国投资了456亿美元，创下了历史纪录。其中，主要交易包括海尔对通用电气家电业务资产的收购等。欧洲因拥有技术和专门知识仍是中国投资者最青睐的投资目的地，2016年接收了近800亿美元中国投资，最重要的交易包括中国化工集团收购先正达、腾讯投资超级细胞（Supercell，一家芬兰游戏公司）以及美的收购德国公司库卡。

在开展海外投资时，中国企业通常非常积极主动，有时会承担过多的风险。越来越多寻求海外扩张的中国企业往往会主动投标一些使自身面临着旷日持久、代价高昂的收购战的项目，此外还会遇到一些文化、管理、法律事务、合规和人力资源等方面的问题。大多数中国公司都缺乏坚实的并购后整合计划。通常情况下，它们只是向目标公司注入资金，并让现有管理人员经营业务。久而久之，一些中国公司开始意识到，将目标公司的研发工作与母公司进行整合极其困难，更不用说最大限度地发挥全球市场和中国生产之间的协同作用了。

第二部分　分析与建议

成为跨国公司的中国特色方式是什么？

尽管成为真正的跨国公司尚存在挑战，但华为、复星、海尔、TCL和中国化工等许多知名的中国集团在工业、商业和服务业等领域都取得了一定程度的成功。然而，可以对中国公司的哪些独特之处和成功经验进行挖掘以帮助它们成为真正的跨国公司呢？

或许最重要的是，"一带一路"倡议为中国企业的国际扩张创造了一个友好的环境。具有中国特色的政策框架不仅确保了国内市场的确定性，也是中国企业实现全球化的支柱。中国推出了一系列政策举措，以加强中国与其他国家的贸易和政治纽带，使中国能够通过向全球输出资本、技术和能力来促进自身增长。例如，习近平主席于2013年提出的"一带一路"倡议促进了与非洲和欧亚地区"一带一路"共建国家之间的经济合作，也催生了从基础设施到制造业和金融业的商机。此外，近年签署的《区域全面经济伙伴关系协定》为区域贸易和投资创造了稳定且可预测的商业环境。

同时，强调努力工作的中国企业家精神提供了高效的劳动力资源，它推动了企业蓬勃发展。中国的勤劳精神基于这样一种信念：今天的努力是为了明天的成功。这种信念深深植根于中国文化。这种吃苦耐劳的精神和有所作为的意愿起源于20世纪80年代，当时中国政府鼓励实施基础设施建设以促进经济发展。阿里巴巴创始人马云有句名言："今天很残酷，明天更残酷，后天会很美好。"中国的许多传奇企业家，比如马云，出身卑微，这意味着他们往往更看重较高的资产周转率和良好的时机，而非追求完

商界领袖看中国：抓住广阔市场的发展新机遇

美，他们往往期望维持高增长率，并对快节奏感到舒适。因此，许多大型中国公司都以管理风格严苛著称（即采取996工作制），尤其是像华为、阿里巴巴、腾讯等科技巨头。尽管人们对这种管理风格存在争议，但正是这种自上而下（总经理—员工）的勤奋精神，为这些巨头的高生产率和快速发展提供了有效保障。

不断增长的创新领导力推动了中国公司的国际化。由于先进的技术、较低的成本以及不断扩大的高铁网络，中国在运输设备行业，尤其是铁路设备领域竞争优势明显。在能源领域，自2011年以来，中国在发电和输电领域的投资总额大幅增长，这主要得益于国家电网与五大发电公司在欧洲、南美和澳大利亚的大型收购以及可再生能源领域的绿地投资。在机械行业，中国正通过增加研发投入、制造更多高价值产品来推动公司实现升级和自动化。它还鼓励企业收购拥有先进技术的欧洲和美国竞争对手公司。尽管在全球范围内政治和监管领域的挑战日益严峻，但联想和华为等科技公司正在为中国公司实现品牌全球化铺平道路。

随着TikTok等视频应用和其他社交媒体巨头带来的创新型互联网商业模式对现有全球平台巨头构成"威胁"，中国跨国公司被视为潜在的颠覆者，而非单纯的追随者。中国已成为定义新商业模式的创新巨头，尤其是在以客户为中心的创新型消费领域。中国为阿里巴巴、腾讯和百度等领先的科技公司提供了沃土，这些公司在科技创新方面投入了大量资金。

此外，蓬勃发展的私募股权投资和私人风险资本一直在推动创新发展。作为中国资本市场日益成熟的标志，私募股权投资和风险投资的融资活动越来越受欢迎。它们推动着前景光明的初创企业或成长型企业成为未来的跨国公司。中国基金业协会的数据显示，2019年，股权投资基金向国内企业投资了7392亿元。截至

2019年，已完成投资项目86,254个，投资金额为6.24万亿元，较2018年增长17.77%。涉及最多的行业包括计算机应用、资本货物、医疗器械和服务、医学生物学和原材料等。

在拓展海外市场时，可以有效利用国内市场的创新。TikTok的母公司字节跳动成立于2012年，在不到10年的时间里公开获得了超过7200万美元的融资，有效推动了其快速发展。基于对头条等应用经验的借鉴，TikTok成功地在全球范围内革新了短视频等新媒体的概念，短视频使数字营销从关系营销转变为了具有更大影响范围和更高黏性的互动营销。截至2020年年底，TikTok全球下载量达19亿次，日均活跃用户数量超过330万。

需要克服的障碍与解决方案

总而言之，不断增长的全球贸易、不断深化的全球化和技术进步，为中国企业"走出去"提供了更多机遇。即使是在受疫情影响的2020年和2021年上半年，中国供应链也已体现出惊人的弹性，这表明中国跨国公司将继续作为制造业领域的领头羊发挥主要作用。对于有志于"走出去"的中国企业而言，2021年可谓关键的一年。因为中国与世界各国都将全球合作列为优先事项，并为中国企业在海外投资提供了前所未有的机遇。然而，在动荡的政治和经济形势下，要想实现这些目标，中国企业就要更具战略性，更高效，更具竞争力，更具可持续性。转变商业模式将是成为真正的跨国公司的关键，这样做可规避一些仅作为中国公司而面临的政治和经济阻碍。

罗兰贝格的一些中国客户基于明确的地域和/或行业重点，通过成功实施全球化和国际化发展战略，实现了自身增长，取得了更好的业务成果。企业首先要制定明确的战略规划和目标，然后根据实际的内外部环境，在明确区域重点的前提下实施国际化扩张，以实现全球资源的优化配置。例如，长期以来，中国大型国有企业在石油和天然气等战略性自然资源领域的投资主要集中在从南亚、中亚、非洲和南美等新兴市场获取原材料上，结果取得了成功。然而，这样的战略却不足以使其树立广受好评的全球品牌形象。巩固其全球地位的当务之急是制定明确且重点突出的发展路线图。一个可行之道是积极与其他全球巨头开展合作，共同开发资源，正如核能领域的相关合作。

国际发展和运营的治理。中国公司应改善公司治理结构，建立与国际市场、当地政府和企业界接轨的制度体系，同时将国际标准纳入自身发展战略。这一点在执行阶段尤为重要，具体而言，可以通过培养自己的管理人员或招聘全球人才来加强海外管理。要想成为真正的跨国公司，就要大幅度提高非中国籍领导者和管理者的比例。

中国团队：跨公司合作。相较于最近才涉足海外业务的公司，海外业务开展时间较久的公司经验更为丰富，能够更好地经营。经过多年探索和试验，一些经验丰富的大型中国公司已经形成了一套经营模式和实践体系，其理念、政策和管理实践能为别的中国公司提供一定的参考，其本地市场资源可以同小型公司和实施全球化不久的公司分享。我们建议不熟悉国外市场的公司向同行们学习，选择一个合适的榜样，通过与其合作以找到最有效的方式来推动自身的国际化进程。

与外国公司合作以进入第三方国家。一些中国公司缺乏具有当地影响力的专业合作伙伴来助推其国际化扩张进程。典型的当地合作伙伴包括但不限于当地商业伙伴、专业服务机构和一些非政府组织。通过寻求与当地合作伙伴设立合资企业或建立战略联盟，中国公司可以变得更强大又可以降低风险。这并非什么创新之举，可同西方公司通过与中国公司设立合资企业以寻求在华发展的经验做类比——大多数西方公司进入中国市场时往往面临着一定的股权比例上限和市场准入限制。这种合作使双方能够相互学习，实现共同利益，直至双方出现利益分歧，或者公司的发展规模需要探索新的合作模式。通过与具有海外经验的专业公司合作，中国公司还能够减少信息不对称，提高决策能力。中国企业还应加强与国际组织、非政府组织和其他当地利益相关者的合作。由于非政府组织的第三方地位，它们在全世界都享有公信力，因此更容易被东道国的利益相关者所接受。与这些组织建立密切联系可以吸引公众对中国公司的关注，扩大其社区影响力。

大型海外收购后的整合策略与实施。中国公司在考虑和进行海外收购时面临的一个主要挑战即收购后的整合。如前所述，中国公司在收购完成后，往往倾向于采用简单的接管和"一切照旧"的做法。在国际收购中，缺乏重点和战略可能会导致过于积极和盲目的资本投资，战略投资才能够有效地帮助企业树立全球形象。例如，中国化工集团就实施了系统的"反向收购"战略，起初选择收购其他化工企业的剥离资产或非核心资产，以帮助自己获得相关资源和进入更广阔的市场，进而利用这些新收购的公司建立内部的组织和管理支柱。

在收购开始前，就应制订出收购后的整合计划，而且对每个被收购公司的整合都应做到具体情况具体分析，因为这取决于以下多种因素。

- 达成交易所追求的财务、业务和产业目标；

商界领袖看中国：抓住广阔市场的发展新机遇

• 整合的程度可以从保持原样、成立新的子公司、在财务或战略上加以引导到完全合并和融入母公司，中间水平的整合包括特定功能、业务部门或地理区域的整合；

• 发展被收购/合并公司的基础消费市场和竞争定位；

• 母公司和被收购公司在财务、战略和文化角度的初衷，以及收购完成后预期的转型水平（例如重组、改善业绩，或增值性收购以提升协同效应从而创造机会提升业绩）；

• 母公司和被收购公司的管理和运营团队之间的合作，两家公司的文化差异（历史、业绩、管理风格及流程、决策等）。

此外，并购行为绝非止于合同的签署。为了获得可持续性的回报，必须在一段时间内对整合工作进行精心策划和执行。罗兰贝格对参与并购的15个行业的130名国际高管进行了定期调查，结果显示：其中80%的并购后整合失败是因为整合不彻底和缺乏协同管理，50%是由于缺乏对企业文化差异的管理。跨国整合，包括中国–海外交易，更是如此。整合活动并非高深莫测，它依赖于准备工作、流程管理、执行速度和经验，这正是罗兰贝格的顾问们经常带给客户的东西。

并购成功与否通常要在几个月甚至几年后才能予以衡量，这取决于交易的规模和其他标准（如准备阶段预期的最高和最低限度协同效应的实现情况，和/或两家公司的实际整合，以及创建无缝、单一的组织和文化的程度）。这就是为何我们建议中国公司考虑实施国际并购时要思考如何以更专业、更积极的方式进行整合。下面是一份收购后整合构件的检查清单。

• 在不中断当前业务和整合过程的前提下，执行与交易有关的活动；

第二部分 分析与建议

- 确定收购的基本愿景和战略以及具体的整合目标与方法；
- 确保关键人员，积极主动地应对企业文化差异；
- 确定整合工作和新公司面临的主要挑战；
- 设计整合架构；
- 确定新公司的管理和组织架构；
- 确定并激活工作协同；
- 积极主动地与所有利益相关方进行明确的沟通

除了通过业务组合来开发国际资产外，中国公司还应像海尔或华为那样，借助软实力来实现文化融合，提高品牌影响力。

中国企业面临的主要问题是不熟悉当地习俗，缺乏沟通，和当地存在文化差异和误解等。文化差异是海外劳资关系面临的最突出问题，因为一些中国公司尚未建立有效的沟通机制来与东道国的利益相关方交流。然而，中国公司可以更重视对当地员工的培训和晋升，增加当地管理者的数量，从而解决这一问题。例如，海尔和华为在海外扩张时就采取了专家驱动型方式，任用当地人才，开发当地产品并在海外中心配备研发人员，从而成功实现了与当地市场的融合。通过这种方式，中国公司既能够克服文化障碍又能与潜在的外国合作伙伴建立信任。更重要的是，中国公司不应只关注企业利润，还应该通过组织文化交流、参与当地基础设施建设、提供职业培训以及为贫困群体开办公共福利项目等来提升对当地社区的贡献度。

归根结底，如果中国企业希望在拓展海外市场的过程中取得成功，就要专注于制定国际发展战略，改善与当地利益相关方的沟通机制，熟悉国际公司治理准则以实现公司治理的国际化，深化合作伙伴关系，并提升并购后整合计划的制订与实施能力。

第三部分　跨国公司在华经营案例

空客是中国坚实可靠、值得信赖的长期合作伙伴

徐 岗

　　徐岗，空中客车全球执行副总裁，空中客车中国公司首席执行官，全面管理空客民用飞机在华各项业务并领导空客直升机业务及防务与航天业务在中国的发展。2005年，他在担任天津港保税区投资促进局局长时开始积极参与空客A320系列总装线项目。2008年至2011年，他担任空客天津A320系列飞机总装线副总经理，2011年被任命为总装线董事长。2014年，他被提名并担任中国共青团第十七届中央委员会常务委员和天津团市委书记，任期至2017年。

商界领袖看中国：抓住广阔市场的发展新机遇

徐岗于2018年开始担任空中客车中国公司首席执行官。他跟空客的缘分可以追溯到2005年。当时，空客准备在欧洲以外设立首条飞机总装线。中国有四个城市参加了选址的竞标，包括天津、上海、西安、珠海。当时，徐岗在天津滨海新区工作，参与了整个竞标过程。后来，总装线项目落户天津，天津保税区作为地方政府和中航工业组成了联合体，和空客共同设立了合资公司。徐岗由中方委派担任合资公司的副总经理，和外方总经理共同管理空客天津飞机总装线的运营。到2022年为止，总装线已经成功运营14年，并于2022年向客户交付了在天津完成总装的第600架A320系列飞机。

空客中国的前世今生

空客在很久之前便看到了中国市场的潜力。空客公司早在1967年便进入了中国市场，这为它提供了难得的战略机遇。对空客来说，这是一个不可多得的战略机遇。除了民用飞机，空客还是世界领先的民用直升机制造商，也是提供加油机和军用运输机等产品的欧洲领先公司。同时，空客也已成为世界上领先的航天企业之一。

1967年，空客直升机（当时被称作"欧洲直升机"）率先进入中国市场。1985年，随着空客A310飞机交付中国东方航空公司的前身民航华东管理局，空客民用飞机正式进入中国市场。在航天领域，法国空客防务与航天部门于1998年和中科院空天信息研究院合资成立了北京视宝卫星图像有限公司，这是中国市场上第一家提供对地观测卫星影像产品与服务的商业公司。

中国市场是一个不可或缺的巨大战略市场

自1967年首次进入中国市场以来，空客一直积极参与中国的改革开放历程，见证了中国航空产业的蓬勃发展。过去10多年，空中客车每年交付中国客户的飞机数量都占到当年公司全球生产总量的约20%。截至2020年，中国客户运营着超过2000架空客飞机，是全球单一国别在役空客飞机数量最多的国家。

2020年，尽管受疫情影响，空客依然向中国市场交付了99架民用飞机，占全球交付总量的17.5%。尽管这个比例低于20%，但是我们可以看到一个明显的上升曲线。2020年第一季度，受疫情影响，空客向中国客户交付的飞机数量占全球当季总交付量的6%，这个数字到第二季度就缓慢地上升到9%，第三季度就达到了20%，第四季度更是上升至24%。从这个趋势中我们能够看到，中国市场是一个快速复苏且具有增长弹性的市场。2021年，空客交付中国客户的飞机数量达到142架，再一次超过当年空客全球总交付量的20%。

展望未来，空客对公司在中国的发展充满信心。中国是全球第二大航空市场，拥有14亿人口，但中国的人均年乘机次数仅为0.5次。也就是说，每2个人1年才有1次乘飞机出行机会，这与作为全球第一大航空市场的美国相比相去甚远。美国的人均乘机次数为每年2.8次。我们相信，在全球航空市场中，中国能够保持高于世界平均水平的年增长率。空客公司的一份市场预测称，未来10年，中国将超过美国，成为世界最大的航空市场。从这个角度来说，未来中国市场依旧是空客不可多得、不可或缺的重要战略市场。

商界领袖看中国：抓住广阔市场的发展新机遇

全球化是我们一直秉持的理念

对空客而言，中国不只是一个巨大的市场，也是重要的合作伙伴。空客在天津的总装线就带动了航空产业链上的许多其他龙头企业落户天津。同时，它也使很多中国企业通过空客项目走向国际市场。

随着新冠疫情的暴发，不少人都在鼓吹与中国"脱钩"和去全球化，这是非常危险的，也是不现实的。航空业是全球化的促进者、推动者、承载者和受益者，逆全球化无疑会使航空业成为直接受害者。航空业的供应链是全球化的，适航标准是国际化和全球化的，市场也是国际化和全球化的。我们可以看到，疫情期间，当人与人之间、国与国之间的交流有了很多限制的时候，航空业首先受到影响。航空业一直并将继续是促进人与人、物与物、地方与地方以及文化、经济之间连接的快速、有效的平台。

这也与空客公司成立之初的性质有一定的关联。空客在成立之初就是一个由多个国家组成的联合体，空客的精神之一是包容，包容和全球化在一定程度上有着相似的含义。但是欧洲毕竟只占空客全球市场的30%，空客有70%的市场来自欧洲以外，这也促使我们必须走向欧洲以外的市场。同时，像中国这样的地区，不仅仅是重要的战略市场，也是重要的战略合作伙伴。我们相信，对华合作能够营造出双赢局面。

我是空客中国的第一任中国籍首席执行官，这就很好地证明了空客在坚定不移地推进本土化战略（这里的"本土化"是指让本地人领导本地市场的业务）。目前，空客在中国约有2000名员工，本土化的比例达到了94%。空客天津飞机总装线于2008年投产时的员工总数是450人左右,其中有150名是外籍员工,占到了1/3。当时,公司制定了一个很好的本土化路线图。5年以后,外籍员工人数就从150人降到了18人。空客招聘了一批非常优秀的中国员工,他们在运营效率和质量方面具有卓越的竞争力。从这样一个决策中我们可以看出空客对多元文化的包容,以及在主要战略市场实现本土化的决心,这也体现了空客进一步走向国际化的决心。

竞争是航空业健康发展的重要保障

中国市场潜力巨大,但是也不乏竞争者,比如说中国商飞的C919。作为全球飞机制造业的巨头,空客是如何看待中国市场的激烈竞争的?

首先,空客对C919表示衷心的祝贺。竞争是航空业健康发展的重要保障。空客并非首家进入航空市场的飞机制造商。空客的诞生源于竞争,空客的持续成功同样源于竞争。竞争促使空客投入大量的精力进行研发,倾听市场和客户的声音。竞争带来前进的动力。

其次,未来,中国以及全球航空市场还有很多发展机遇,我们鼓励开展公平、良性的竞争。商飞、中航工业以及很多"小荷才露尖尖角"的民营企业是其中重要的组成部分,它们已经跨入了航空行业——高端制造业"皇冠上的明珠"。空客与中国航空业的合作由来已久,我们对未来的合作满怀期待,并且充满信心。

商界领袖看中国：抓住广阔市场的发展新机遇

空客与中国的合作是长期的、多元的、战略性的

空客与中国的合作是多角度、全方位的合作。研发方面，空客于2005年在北京与中航工业共同成立了空客（北京）工程技术中心。空客最新一代A350宽体客机中5%的设计份额就是由这个合资公司负责完成的。生产方面，空客2008年在中国天津启用了欧洲以外的首条单通道飞机总装线。在服务和技术领域，空客努力为中国航空公司提供更大的支持。例如，2020年4月新冠疫情肆虐时期，我们在中国设立了欧洲以外的首个飞机应急事件处理中心"AIRTAC中国"。

我们要从多维度、多角度，全面地看待这样一个中国模式。事实证明，这一模式是成功的，我们会坚定不移地沿着这条道路继续前进。未来，我们还有很大的发展空间。1995年，我们在中国市场的份额不足9%，但到2013年，这一比例已达到了50%。我们希望这一模式也能够给全球航空业带来一些启发，使其他公司也能够在中国这样一个巨大、不可多得的战略市场上推动自身发展。

突如其来的新冠疫情给航空业造成沉重打击。2020年下半年，我们明显地看到中国的疫情得到了非常有效的控制。航空业也是反应疫情控制状况的晴雨表。我们可以看到，2020年下半年，尤其在第四季度，中国国内的旅客量已经恢复到了疫情前的水平。2021年，疫情出现波动，中国民航完成旅客运输量4.4亿人次，同比增长5.5%，恢复至2019年的66.8%。2022年，国内疫情出现多点散发的状况，对航空业影响非常大，中国民航市场情况非常严峻。2022年上半年，中国民航全行业共完成旅

客运输量1.18亿人次，同比下降51.9%，相当于2019年同期的36.7%。2022年上半年航班量超过110万班，较2021年同期下降了43.07%。2022年上半年，中国航空公司亏损严重，全行业上半年的亏损额超过1000亿元人民币，超过2021年全年的亏损。我们也看到，政府出台了很多助企纾困、促进行业发展的措施。人们对于中国民航市场中长期依然向好的信心没有变化。这也是7月初国航（包括深航）、东航、南航订购292架空客飞机的原因，这笔订单显示了航空公司对空客产品的信任，也显示了对中国民航市场中长期前景的信心。空客最新的全球市场预测显示，在未来20年时间里，全球需新增客机和货机39,500架左右，中国依然是全球范围内增长最快的航空市场，中国市场对新增客机的需求量占全球总需求量的20%以上，对新增货机的需求量达到全球总需求量的25%。空客对于下一步中国经济和市场充满信心。

疫情总会过去的，我们对全球航空业，尤其是对中国航空业长期发展十分看好，因为中国的航空业有着庞大的人口支撑，而且随着内需的增长以及潜力的释放，庞大的人口会产生很大的航空出行需求。同时，城镇化、基础设施以及公共服务的均等化也会催生相应的需求。

空客与中国的未来合作前景广阔

自1985年第一架空客民用飞机交付中国到2021年，已经36年了。今天，空客所有的民用飞机上都有中国制造的零部件。空客在中国的战略是坚定不移的，那就是要成为中国坚实、可靠、值得信赖的长期合作伙伴，成为中国航空产业的核心成员。未来，空客与中国可以在很多方面拓展合作。

商界领袖看中国：抓住广阔市场的发展新机遇

首先，我们要深化现有合作。2021年，我们在天津交付第一架A350远程宽体飞机。我们还将已经非常成功的A320单通道飞机的总装进行垂直整合，实现整个机身系统安装的本土化。这些都是我们在现有合作项目基础上的进一步延伸。经过长时间的选址，我们已经确定在四川成都双流区建立空客飞机全生命周期服务中心。空客飞机全生命周期服务中心项目是空客在中国建立的首个以可持续发展理念为主导的中老龄飞机一站式服务中心，业务范围包括飞机停放与存储、飞机转租或恢复运营需要的升级改装、机身维护、拆解回收、客改货、二手可用航材管理和交易等。该中心占地面积69万平方米，可存放125架飞机。

其次，我们还在考虑很多跨界融合的合作。比如，我们正在积极探索如何与中国在大数据、新能源等优势产业领域进行合作。这也是我们在空客北京工程技术中心基础上，在深圳设立全球除美国以外的第二个创新中心，并确定在苏州设立研发中心的重要原因。

再次，中国承诺力争于2030年左右达到碳排放峰值，2060年前实现碳中和。这是一个非常宏伟的目标，体现了中国作为大国，在全球治理问题上的担当。

空客是航空领域在这方面的引领者。我们不仅致力于制造出可靠性高、安全性高，同时在经济上具有竞争力的飞机，考虑到航空业占全球碳排放的2.5%，我们还义不容辞地承担起了促进整个行业减排的任务。空客已经宣布，2035年将推出第一款以氢能源为动力的零排放飞机。

我一直在思考如何在中国诸多重大战略中发挥空客的作用。针对当下中国的一些发展战略和"双循环"的格局，我认为，"双循环"就是以国内大循环为主体、国内国际循环相互促进的新发展格局。毫无疑问，对航空业来说，这是一个非常利好的消息。航空不是少数人的专利。要想实现航空业的强劲发展，就要使飞机成为大多数人都可以乘坐、可以消费得起的一种服务产品。中国有14亿人口，其中约4亿人为中产阶级。这些消费能力的释放和消费意愿的升级，在内循环中对我们来说是一个巨大的利好。

最后，随着中国以内循环为主体的发展，城镇化、基础设施和公共服务均等化也将迎来进一步发展。这些无疑也会给商业航空和通用航空带来巨大的发展潜力。从供给端来说，中国需要推动国内产业升级，以更好地满足市场需求。航空业作为高端制造业"皇冠上的明珠"，也是中国下一步重点发展的行业。

在航空产业链上，我们和中航工业以及很多合作伙伴，包括与我们合作多年的航空公司实现了双赢。我们要持续坚持合作共赢、互利互惠的发展道路，进而为中国在从航空大国向航空强国迈进的道路上作出我们的贡献。同时，这对于我们保持航空市场的领导地位也起着举足轻重的作用。

商界领袖看中国：抓住广阔市场的发展新机遇

中国豪华汽车市场：
百尺竿头，稳健向新

〔德〕唐仕凯

唐仕凯，梅赛德斯-奔驰集团股份公司董事会成员，梅赛德斯-奔驰（中国）投资有限公司大中华区董事长兼首席执行官，主要负责梅赛德斯-奔驰在华业务，包括乘用车、轻型商务车、金融服务等。作为梅赛德斯-奔驰中国的最高管理层成员，他被任命为梅赛德斯-奔驰中国的董事长。他加入梅赛德斯-奔驰集团（戴姆勒集团）已30年有余，担任过多个国内和国际管理职务。赴任中国前，他曾负责梅赛德斯-奔驰卡车相关业务，担任梅赛德斯-AMG有限公司总裁，此前曾负责乘用车的产品营销。他还曾在土耳其、美国和墨西哥担任过管理职务。

此文撰写之时,其他作者将在本书中分享的故事与见解,我尚不得而知。但近几十年来各行各业在中国得以飞速发展,我相信这其中一定有许多成功故事。的确,中国凭借其惊人的发展速度,已成为全球最重要的经济体之一。在这一背景下,我在此分享中国的发展对我所在的汽车行业带来的深远影响。我很荣幸自己能以业内人士的身份参与中国汽车行业蓬勃发展的新篇章。

　　在过去的全球经济危机中,中国经济展现了很强的韧性,它对全球经济的重要性显而易见。在2008—2009年的经济与金融危机中,中国引领全球经济走向复苏。在近年全球新冠疫情中,中国采取全面的防控措施,积极应对疫情带来的经济压力,支持企业复工复产、稳定市场和全球供应链。

中国——全球汽车产业的增长引擎

　　对汽车行业来说,中国至关重要。看看当今中国大城市繁忙的交通,就完全可以理解这一点。中国汽车销量实现了惊人的增长速度:2000年,中国乘用车年销量为100万辆,仅仅10年后就达到了1500万辆。也大约在此时,中国超越美国跃升为全球最大的汽车市场。2021年,全球每售出的3辆汽车中就有1辆是在中国交付的。鉴于中国市场的吸引力,国际汽车品牌基本都来到了中国,中国消费者也拥有比其他市场的消费者更为丰富的选择,从本土到国际品牌应有尽有。

　　然而,惊人的数字只是中国对全球汽车制造业影响的一个层面。汽车在消费中有着特殊的地位,除房地产外,它是我们所拥有的最高价值商品之一,而且与其他商品相比,汽车更能折射出一个人的价值取向和人生境遇。中国社会财富快速增长的同时,

商界领袖看中国：抓住广阔市场的发展新机遇

汽车销量节节攀升，中国已成为全球最重要的豪华汽车市场。2021年，中国豪华车市场的销量实现5%以上的增长。而回望十几年前的中国，作为全球人口最多的国家，豪华汽车市场的体量却比一些欧洲国家还小。如今，豪华汽车品牌大力投入研发，致力于引领汽车行业的未来转型，并着重聚焦中国客户的多样化需求。

我已在北京生活了近10年的时间，亲身体会了中国及其汽车市场发展的速度与活力。对我而言，比中国市场发展的速度更引人注目的，是中国的创新潜能。我坚信，中国将在汽车行业的未来中扮演非常重要的角色。

中国在全球业务增长中发挥着重要作用

2013年时，梅赛德斯–奔驰在很多市场早已取得了亮眼的销售业绩，但在中国的市场表现远远低于我们的预期，主要竞争对手的销量明显更高，有些甚至超出我们一倍。从销量来看，当时梅赛德斯–奔驰乘用车的第一大市场是美国，其次是德国，中国仅排名第三。我还记得，当时在公司内，关于中国市场策略的讨论十分激烈，后来我们一致认为，中国将在我们全球业务增长目标和长期发展中发挥着重要作用。

作为一家跨国企业，在市场中取得成功有很多途径。既可以通过从其他国家出口到中国，也可以在中国建造工厂，以深化本土化进程。

我们的理念：与中国共同发展

我相信，在中国建立强大的业务基础是在华取得长足发展的重要因素。长久以来，我们踏上这样一段漫长的旅程：与中国合作伙伴紧密合作，扩大本土生产，提高本土研发实力，培养优秀的领导人才并以小组的形式每日学习，以更好地了解客户的喜好及其追求。

得益于此，中国已成为梅赛德斯-奔驰全球最重要的市场。2021年，我们在中国的销量近75.9万辆。中国是梅赛德斯-奔驰最大的单一市场，销量超过了全球第二大与第三大市场的总和。换言之，中国市场为梅赛德斯-奔驰全球销量贡献了超过1/3的份额。梅赛德斯-奔驰在中国销售的乘用车有约3/4是在本土生产的。

为了更好地在中国发展，我们需要深入了解中国业务与别国的显著差别。我个人从这一过程中学到了很多，而且我相信未来还会学到更多。我们采取了诸多切实举措，包括优化组织架构、大规模扩展销售网络、调整品牌定位以及改进产品研发的方式。下面就让我们一起看看其中比较典型的方面。

中外合作是中国汽车行业的一个重要特点。就我个人的经验来说，外资企业在中国拥有强大的本土合作伙伴是一个巨大的优势，不仅是在生产方面，在销售方面也是一样。与本土伙伴之间的互信合作帮助我们更好地了解本土市场和法规环境，这对我们不断深化本土化发展、把握商机、实现共赢来说十分关键。

自2005年起，梅赛德斯-奔驰开启在华本土化生产，并投产首款国产梅赛德斯-奔驰乘用车——E级轿车。起初，我们计划在中国的年产量为25,000辆，但如今我们的实际产量已经超过计划20多倍，北京奔驰一跃成为梅赛德斯–奔驰乘用车全球生产网络中最大的工厂。而且，中国本土团队对质量的坚守、对卓越的追求毋庸置疑。截至2022年6月底，北京奔驰累计产量已经超过400万辆，车型阵容涵盖11款乘用车，包括4款纯电车型。未来，我们将继续扩大本土化进程。

深刻理解中国市场环境

中国业务的另一个独特之处体现在技术法规方面。这包括近几年的新能源汽车补贴和"双积分"政策。这些措施同样极大地推进了我们产品的电动化进程。与其他市场相比，中国的客户更早享受了电动汽车的优惠购买条件和必要的配套基础设施；如此一来，中国新能源汽车销量近几年也实现了显著增长。

在中国市场，我们还看到了客户诸多具体的产品偏好。例如，中国消费者倾向于选择轿车、SUV和轿跑，而其他市场的客户更喜爱两厢车、旅行车或敞篷车。同时，我们的中国客户群体更为年轻。我们在德国和中国的客户几乎相差整整一代。这也显著地反映在他们生活方式和喜好的差异上，比如在数字化和网联化方面的不同需求。同样值得一提的是，我们在中国1/3的客户都是首次购车。这意味着，他们人生中拥有的第一辆车是奔驰，甚至是我们的高端系列S级轿车。

我们一直在加深对中国市场特点的理解，以满足市场的多样化需求。以品牌认知度为例，中国客户对豪华品牌期望值极高，尤其是在品质、智能互联和设计方面。这些期待非常符合梅赛德斯–奔驰的品牌追求，也和我们英文的本土品牌标语十分贴合——"The best or nothing"（唯有最好）。但我们发现，在其他地区有着积极含义的品牌主张，在中文语境下可能会听起来有些自大。因此，我们进一步结合中国的文化背景，将其调整为"An untiring spirit in pursuit of the best"，即"心所向，驰以恒"。

为了真正实现"心所向，驰以恒"，我们致力于创造令人向往的汽车、开发前沿的科技并提供卓越的客户服务。这包括同中国的行业领袖、科技公司、高等院校和初创企业展开合作，不断扩大本土研发布局。如今，梅赛德斯-奔驰乘用车中国研发中心是梅赛德斯-奔驰在德国之外最全面的研发机构，汇聚了1000余名专业人才，绝大部分为本土员工，涵盖高级设计中心、电动出行、智能互联和整车测试等工作领域。得益于不断扩大的本土研发，中国给我们带来的创新灵感也越来越多地反哺到我们未来全球产品的开发之中。

通往未来出行之路

如前所述，我相信中国将在全球汽车产业转型中扮演重要角色。智能互联和数字化就是很好的例证。在中国，数字化服务已经成为日常生活不可或缺的一部分，发展速度和应用程度都远超其他国家。我们注意到，在中国消费行为发展过程中，尤其是在数字化领域，海量创新灵感不断涌现。这就是我们在研发和市场营销方面建立专门的团队，针对中国市场的需求，为车辆提供数字化解决方案的原因。

同时，中国还将在汽车行业迈向电动化的历史性变革中发挥关键作用。目前，中国已是全球最大的新能源汽车市场，一些世界上最大的电气化零部件供应商也正在中国迅猛发展。我相信，

商界领袖看中国：抓住广阔市场的发展新机遇

中国提出的2060年碳中和目标将为中国汽车行业的转型提供巨大动力。

加速转型，实现碳中和愿景

毫无疑问，我们都必须为减少碳排放而做出努力。梅赛德斯-奔驰计划至2039年实现乘用车新车型阵容的碳中和，我们称其为"2039愿景"，从而实现对城市中心区域空气质量零影响，助力为全球范围的城市提升宜居度。至2025年，我们计划推出10余款纯电车型。我们认为推广电动出行的最佳方式，就是给予客户梦寐以求的电动车。显然，在我们的电动化布局中，中国至关重要。梅赛德斯-奔驰已经在电动化上取得了实质性的进展。至2022年6月底，我们已经在中国投产了4款纯电车型。此外，我们还在中国本土生产电池。至2030年，插电式混合动力或纯电动车型将占全球销量的50%以上，甚至更多。

然而，我们所说的"2039愿景"不仅仅涵盖车辆，它更是一项全面的规划。梅赛德斯-奔驰将可持续性的目标全面贯穿于汽车价值链的各个环节，覆盖技术研发、原材料获取、生产制造、售后和循环再利用等方面。例如，北京奔驰工厂不断提高自制绿色能源占比，广泛安装和使用太阳能发电装置，工厂光伏发电总面积将近22万平方米，年发电总量可达3800万千瓦时。同时，我们还与中国供应商携手，确保使用经认证的原材料，并致力于实现本土电池生产的碳中和。

以上所述的各方面都反映了中国豪华汽车市场的迅速发展和光明未来。一方面，我们有充分的理由相信，未来全球豪华汽车市场的增长仍将主要来自中国。另一方面，中国将见证新时代的豪华汽车——百分百的智能互联、百分百的电动,并且符合中国客户的需求。我相信,这是一个值得期待的未来。

自童年起,我便先后在全球许多国家生活。但中国对我来说,有着非同寻常的意义,为我的生活观与事业观的各个方面都带来了积极的影响。

与此同时,在中国工作生活多年,我个人在商业领域的一个核心认知从未改变,即在中国,核心的商业原则和世界其他地方并无二致。归根结底,一切都源于尊重客户、真正理解他们的需求和愿望。我相信这是创建一个企业的初衷,纵岁月更迭,仍初心不改,我们将以令人向往的产品和服务满足客户需求,并向客户证明我们将不负所望。

商界领袖看中国：抓住广阔市场的发展新机遇

基于领英经济图谱从人才角度审视数字经济

王延平

王延平，领英中国前公共事务总经理，负责制定和执行中国公共政策整体战略，推动领英经济图谱项目在华落地，同时负责管理平台合规运营、内容审核、客户服务等。他同时担任中国互联网协会分享经济工作委员会副主席、全球化智库常务理事、中国国际人才交流与开发研究会理事，以及中国人力资源开发研究会智能分会常务理事等。在加入领英之前，他曾任当当网副总裁、百度公司公共事务总监。他拥有外交学院法学学士学位和对外经济贸易大学文学硕士学位。

数字人才：审视全球数字经济的独特视角

随着人工智能、大数据等新一代信息技术的不断突破，全球数字经济高速发展，在全球经济增长中占据越来越重要的地位。当前全球各国都把数字经济作为经济发展的重点。

近年来，数字经济在中国呈迅猛发展态势。中国信息通信研究院发布的《中国数字经济发展白皮书（2020）》显示，2019年，中国数字经济增加值规模达到35.8万亿元，占国内生产总值比例达到36.2%。数字经济已成为推动中国经济高质量发展的重要引擎。此外，2021年两会期间发布的《中华人民共和国国民经济和社会发展第十四个五年规划和2035年远景目标纲要》将"加快数字化发展　建设数字中国"单独设篇，凸显了中国加快数字经济建设的决心。

数字化人才已成为推动各行业数字化转型的关键驱动力。随着这一转型的推进，对数字人才的需求正在飙升，但同时数字人才的短缺也成为经济发展中不得不面对的问题。作为一个全球人才平台，截至2021年2月，领英拥有超过7.4亿名会员、5500万个雇主公司、2400万个职业岗位、36,000项职业技能和11,000所教育机构。通过给每位会员、每家公司、每份职业、每所学校画像，领英能够进行全球经济趋势层面的预测，如预测不同地区的人才流向、雇佣率、受雇主欢迎的技能等。与此同时，领英与世界各地的政府机构、组织团体都保持着合作，与它们分享经济图谱，使其能更好地连接人才与经济机会。总之，数字人才为研究全球数字化转型、深入了解全球数字经济提供了独特视角。

商界领袖看中国： 抓住广阔市场的发展新机遇

领英经济图谱在华里程碑及主要研究结论

自2017年起，领英中国经济图谱团队与清华大学经济管理学院互联网发展与治理研究中心合作，对全球数字人才的发展状况和数字经济的发展趋势进行了分析。基于领英平台的数据，研究人员从行业分布、技能特征、人才流动等角度研究了相关趋势。4年来，领英已连续发布了7份相关报告，赢得了社会各界的关注与支持。

领英携手清华大学经济管理学院互联网发展与治理研究中心联合发布了首份针对数字人才的经济图谱报告——《中国经济的数字化转型：人才与就业》，对数字经济发展最需要的数字人才进行了定义。

该报告以拥有信息与通信技术专业技能和补充技能的就业人群为研究对象，展示了中国数字人才的地理分布。根据价值链流程，本研究将数字人才拥有的技能划分为六大类：数字战略管理、深度分析、产品研发、先进制造、数字化运营和数字营销。这些数字技能不仅分布于科技公司，也越来越多地出现在制造业、金融业和消费品行业的公司。通过数字技能画像，我们便可以评估不同城市及不同行业拥有相关数字技能的人才的供需情况。

报告显示，尽管中国正处于数字化转型的过程中，但数字人才的流动依然体现出向一线城市聚集的趋势。数字人才分布最多的10大城市是上海、北京、深圳、广州、杭州、成都、苏州、南京、武汉和西安。除广州外，其他几个一线城市均呈现出人才"蓄水池"趋势。杭州和苏州也成为为数不多的数字人才净流入城市。

就数字人才的需求而言，需求最多的职位仍集中在产品研发和运营类，技能需求不再单一强调编程技能，而是更加看重技术、管理和领导力等综合技能。

人才迁移洞察

伴随着"一带一路"倡议的实施，中国的经济开放程度进一步加深，中国已从人才输出国向人才引力场转变。2017年1月至2018年2月，包括北京、上海、广州和深圳在内的15个城市出现了大规模的国际人才迁移。为了更好地了解不同行业、拥有不同职位和技能的人才的跨区域迁移模式，领英展开深入研究，于2018年4月发布了《跨区域人才迁移洞察》。

最具吸引力的城市是经济最发达的城市。报告发现，尽管受地理位置和人才吸引政策等因素影响，但上海、北京、深圳和广州4个一线城市仍不出意料地成为跨区域人才流入最多的城市，同时新一线城市的人才吸引力也不容小觑。

按行业划分，跨区域人才迁移往往与区域经济实力相一致。例如，在杭州，软件和信息技术服务行业对跨区域人才的吸引力最强，而东莞和青岛在制造业人才流入的比重方面则显著高于其他城市。

各行业数字经济的快速发展正在推动中国社会经济的质量提升和转型变革，并进一步成为推动区域经济协调发展的重要动力。为了描画出数字化转型对中国区域经济的影响，领英携手清华大学经济管理学院互联网发展与治理研究中心、上海科学技术政策研究院联合发布《长三角地区数字经济与人才发展研究报告》。

报告计算了长三角地区主要城市十个行业的数字人才集中度，发现信息通信技术和制造业领域的数字化程度最高，同时不同城市的优势也各有不同。

从全国范围来看，长三角地区数字人才流动的主要目的地和来源地都是北京、深圳、广州、武汉、成都（见图1）。报告发现，长三角地区内数字人才吸引力最高的城市是杭州，其次是上海和苏州。其他城市正在经历数字人才的净流出。

上海在培养人才以支持其他地区方面发挥着重要作用。与中国其他地区相比，上海吸引了更多初级人才，输出了更多高级人才。这表明，上海通过自身成熟的发展环境为其他地区或城市的产业成熟化和人才结构优化提供了重要支撑。

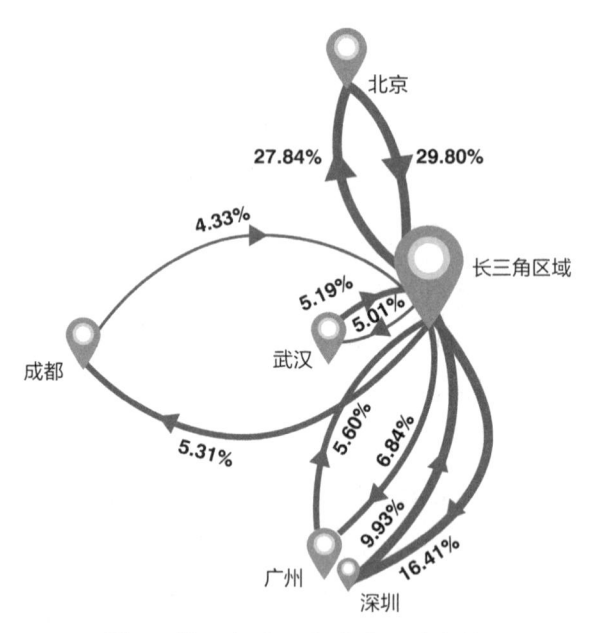

图1　长三角地区人才流入流出情况

作为中国另一个经济最发达、改革开放水平最高的地区，粤港澳大湾区（又称"大湾区"）已成为中国努力建设世界级城市群、参与全球竞争的关键角色。随着工业化的发展和信息技术的应用，数字经济在大湾区国内生产总值中占比突出。2019年2月，领英与清华大学经济管理学院互联网发展与治理研究中心联合发布了《粤港澳大湾区数字经济与人才发展研究报告》。

粤港澳大湾区各城市行业发展各具特色，广州的行业人才分布最为均衡，深圳的信息与通信技术行业人才优势突出，香港的金融行业和教育行业人才优势明显，澳门着重于旅游度假行业，珠海、东莞、佛山、惠州4个广东城市的人才同质性较高，主要集中于制造和消费品行业。

研究还发现，以珠江为界，粤港澳大湾区劳动力分布大体上呈现出东强西弱的状态，高水平人才（学士及以上）和数字人才在深圳、广州和香港3大城市中最为集中，其中深圳排在首位。

此外，大湾区人才总体上呈净流入状态。与全国其他数字经济中心城市如北京和武汉相比，粤港澳大湾区对数字人才具有更强的吸引力，和上海、成都相比吸引力比较接近，但与杭州相比，粤港澳大湾区对数字人才吸引力偏低。从全球角度来看，大湾区对全球人才有一定的吸引力，但这种吸引力仍有待加强。

中国这两个发达地区各具特色。在长三角地区，上海和杭州的带动作用非常突出，而在大湾区，各城市的发展相辅相成，各具特色。

全球数字经济正处于高速发展的黄金期，大力推动数字技术与传统领域的融合创新，打造区域甚至全球性的创新中心和世界级城市群，已成为全球竞争的焦点。

如何制定人才战略以激活数字经济的潜能，以打造创新城市、实现城市群发展？为此，2019年11月，领英中国携手清华

商界领袖看中国：抓住广阔市场的发展新机遇

大学经济管理学院互联网发展与治理研究中心发布了《数字经济时代的创新型城市与城市群发展研究报告》。报告首次从全球视角全方位解析数字人才图谱，通过聚焦全球11个城市群的数字人才，全面分析对比了其数字人才的就业现状、技能特点和流动情况等。

报告显示，从数字人才在单一城市的内外流动情况来看，上海和深圳进入了人才吸引力最强的5大城市之列。城市群之间数字人才流动最频繁的是美国的波士顿－华盛顿城市群与旧金山湾区之间，其次为中国的长三角城市群、京津冀城市群和粤港澳大湾区三大区域之间。

旧金山湾区在多项基础性和颠覆性数字技能上均有突出的数字人才优势，而京津冀城市群和长三角城市群在颠覆性数字技能方面竞争优势突出。基于领英的技能基因组（Skills Genome）方法，这项研究计算了基础性数字技能和颠覆性数字技能在26个城市的相对渗透率，发现在基础性和颠覆性数字技能领域都具备优势的地区包括波士顿－华盛顿城市群、旧金山湾区、英国－爱尔兰城市群、悉尼湾区和印度班加罗尔。在颠覆性数字技能上具有优势的地区包括德国城市群、京津冀城市群、长三角城市群、新加坡。

从行业角度分析，数字人才总体来看在信息与通信技术融合行业的占比要超过信息与通信技术基础行业。在信息与通信技术融合行业中，数字人才比例最高的行业主要有制造业、金融业和消费品行业。

为进一步深入了解全球主要城市和地区的数字人才迁移情况，领英经济图谱团队基于全球32个重要创新城市（地区）近4000万名领英会员的公开数据，于2020年10月与清华大学经济管理学院互联网发展与治理研究中心联合发布了《全球数字人才发展年度报告（2020）》。

报告进一步将数字人才定义为具备数字技能的人才，并将仅具备基本数字素养的人才排除在外。报告中的数字人才主要包括以下几类人才：首先是数字战略管理者；其次是具备深度分析能力、能够做研发的高端人才；最后，还包括数字研发、数字化运营、智能制造和数字营销等具备多元数字技能的人才。

报告显示，全球范围内，数字人才在非信息与通信技术行业比例更高，传统行业数字化转型持续推进。目前数字化转型已经深入到各行各业。在非信息与通信技术行业中，数字人才主要集中在制造、金融、消费品、公司服务四大行业。洛杉矶、纽约、香港、阿联酋、伦敦的非信息与通信技术行业数字人才占比位居前五。

报告显示，数字技能在中国和印度等新兴经济体中最具代表性。北京的代表性技能是开发工具、计算机硬件、动画、数字营销和计算机网络，而上海排名前五的技能依次是计算机硬件、制造运营、电子学、数字营销和外语。

颠覆性数字技能（如人工智能、数据科学、机器人技术等）正日渐成为推动深度数字化转型的核心力量。颠覆性数字技能在北美、欧洲和亚太地区呈现出差异化的发展趋势。北美在颠覆性技能的渗透率方面领先全球；欧洲的整体排名也很高，具体来看，慕尼黑在航空航天工程，巴黎在航空航天工程和材料科学等颠覆性数字技能领域具有突出的人才优势；在亚太地区，班加罗尔、阿联酋和新加坡的人才优势较为明显，而中国城市则较为缺乏相关优势。

数字人才洞察与政策建议

中国数字人才分布不均

数字人才是产业数字化转型的主要推动力。随着数字化转型的推进,各国对数字人才的需求激增,尤其是在网络产业蓬勃发展的后疫情时代。然而,中国正面临着数字人才短缺、地区分布不均的问题。

数字人才的培养要跟上数字经济的发展步伐。因此,在数字人才的培养中充分利用"双循环"战略不失为一条出路。这样一方面可以加强国内数字人才的培养,另一方面也可以增强中国对国际数字人才的吸引力。要想吸引和留住数字人才,需要考虑产业基础和创新环境等多种因素。各地区应通过发展有竞争力的产业、改善创新生态系统以及降低税收、提高住房补贴和开放教育/医疗资源等多种举措来吸引数字人才。这些举措都能够将人才和高科技企业吸引至这些地区,从而降低数字人才的地区分布差异。

后疫情时代的数字人才培养

新冠疫情为中国的产业发展和转型带来了挑战和机遇。一方面,制造业、消费品等传统产业受到了巨大冲击;另一方面,由于独特的产业特点及不断增长的市场需求,在线教育、流媒体和医疗保健等产业则迎来了许多新的发展机遇。在后疫情时代,随着网络产业的蓬勃发展,网络主播、在线教师、自媒体从业者等正逐渐成为一种新的职业形态。同时,以应用程序(如阿里巴巴和腾讯的应用程序)为导向的数字经济使人们的生活更加便利,正在重塑现代人的生活方式。这也是传统产业实施数字化转型的大好机会。因此，必须解决的一个关键问题是如何为传统和新兴网络产业培育数字人才。

后疫情时代的数字人才培养应更具针对性，应根据需求建立有效的人才引进和培养机制。政府可以根据产业数字化转型的实际需求提供必要的指导和培训资源，为具有不同背景的人才提供公平的竞争环境。

技能正在成为劳动力市场上的一种新货币

2019年7月，领英经济图谱团队发布了题为《新经济中的数据科学：第四次工业革命中的人才新竞赛》的报告，首次披露了技能基因组方法。报告发现，技能能够反映出劳动力市场供需之间的微小平衡，技能正在成为一种新的货币。

颠覆性数字技能（如人工智能、数据科学、机器人等）是推动数字化转型深入发展的核心。除上海在少数颠覆性数字技能领域（材料科学、纳米技术和机器人）具有突出的人才优势外，中国大多数城市在颠覆性数字技能的渗透率方面仍有极大的增长空间。因此，颠覆性数字技能在中国有很大的增长潜力。我们建议中国向具有先进颠覆性数字技能的国家学习，加强对中国颠覆性数字技能人才的培养。

在2021年3月举行的中国发展高层论坛上，清华大学经济管理学院党委书记兼副院长陈煜波表示："目前，中国数字人才结构性问题非常突出，95%都在研发和运营环节，并且数字人才还存在从传统行业流回互联网和软件行业的现象。"要进一步发展中国的数字经济，必须优化中国的数字人才需求结构。陈教授指出，未来，需要加强数字技术与生物、材料、能源等技术的交叉融合，加强对颠覆性数字技能的培养。

数字化转型中的性别差距

随着劳动力市场从新冠疫情的影响中逐步恢复，领英经济图谱团队发布的《全球性别差距报告》显示，女性在多个行业中重新就业的速度正在放缓，被雇佣担任领导职务的女性人数显著下降，这实际上使相关进展倒退了数年。女性比例历来较低的行业也是那些快速增长的数字产业，例如，在云计算领域，女性就业者的占比仅为14%，在工程领域，这一比例为20%。

领英副总裁、公共政策和经济图谱总监苏·杜克（Sue Duke）指出："在大多数快速增长的岗位中，女性的就业比例偏低，这意味着我们在走出疫情阴霾时正在累积更加严重的性别失衡问题。这些岗位至关重要，将深刻影响技术的方方面面，也决定着技术在世界范围内的部署方式。在技术发展的初级阶段，尤其是随着数字化进程的不断加快，我们必须为女性提供参与和发声的机会。"

该报告揭示了数字化转型下全球劳动力市场中日益扩大的性别差距。作为全球劳动力市场的主要组成部分之一，中国将面临同样的挑战。数字产业，尤其是人工智能、云计算、大数据等将塑造未来的行业应为女性提供更多机会。而在数字化转型加速的情况下，如何缩小这些行业的性别差距，是中国未来制定政策时需要考虑的问题。

结　论

随着中国经济从高速增长阶段转向高质量发展阶段，数据作为关键生产要素发挥了巨大作用。目前，中国的互联网普及率已超过全球平均水平。中国的网民数量世界第一，中国已成为世界上最大的互联网市场和数据资源国家。得益于庞大的用户红利和丰富的应用场景，中国的数字经济在过去20年里实现了快速发展。目前，中国正在进入发展数字经济的新时代。随着电子商务、金融科技、5G通信等在全球的领先发展，中国数字经济的国际影响力日益显著。研究中国数字经济的发展趋势有多个维度，而领英经济图谱团队从独特的人才视角出发，对中国的数字化转型进行了分析。报告中提供的见解有助于雇主、政府和专业人士了解当地、区域或全球劳动力市场的动态，从而为所有人创造更多的经济机会。未来，我们将继续深入研究中国的数字经济，分享更多有价值的成果。更多关于领英经济图谱（EG）的见解，请登录https://economicgraph.linkedin.com/resources。

商界领袖看中国： 抓住广阔市场的发展新机遇

后疫情时代中国国际教育考试与测评：未来五大发展趋势

王梦妍

  王梦妍，美国教育考试服务中心中国区总裁，全权负责美国教育考试服务中心产品在大中华区的营销和商业策略，与当地政府部门、高等院校、语言培训机构、国际学校等利益相关方建立了稳固的合作关系。她的职业目标是整合视野、见地和管理技能，推动美国教育考试服务中心与当地利益相关方进行深入沟通，在全球化背景下提高教育质量，共同实现可持续发展。在加入美国教育考试服务中心之前，她在国际教育行业深耕10年，积累了丰富的知识和经验，致力于为中国学生整合世界级的教学资源。她毕业于英国剑桥大学，获教育学硕士学位，主修第二语言教育。

教育是各群体及各年龄段人群普遍谈论的一个基本话题。我们看到，全球教育都正在经历巨大的变化和发展，机遇与挑战并存。2020年以来，新冠疫情危机迫使我们思考这一大流行病可能带来的影响。作为教育发展的一个重要环节，考试与测评行业的内涵、价值和设计理念也在不断变化。教育评估涉及多种因素和不同主题，稍有变化就会影响全局。教育工作者也在积极探索测试如何能够在符合国家与社会培养目标的前提下助力学生成长。

"十四五"时期是中国加快推进教育体系现代化、提高教育质量的重要阶段。这也将是教育考试行业在新时期深化教育评估改革，创建适合中国国情的现代考试制度、实现国家对该制度治理的现代化并提高其有效性的关键时期。作为全球最大的教育测试与评估机构，美国教育考试服务中心见证了美国教育考试和全球教育评估在过去70年间的发展变化。我们的评估、学习解决方案和开创性的研究有助于学生、教育工作者和雇主清楚地看到迈上新道路的下一步。

作为第一家进入中国的国际考试与测评机构，美国教育考试服务中心在中国和世界各地皆声誉卓著。1981年，美国教育考试服务中心在中国推出了托福考试和GRE普通考试，标志着与教育部教育考试院在未来40多年战略合作的开始，为帮助中国学生出国留学和促进国际文化交流作出了巨大贡献。每年有数十万中国学生参加托福或GRE考试，以实现自己的海外学习梦想。就考试人数而言，中国是托福考生数量最多的国家，而且这个数字还在继续增长。考生人数的增加也反映了中国学生出国留学需求持续强劲。截至目前，托福考试是认可度最为广泛的英语能力测试，全球160多个国家，超过11,500所院校接受并认可其成绩。

作为一家与中国教育行业有着广泛互动的国际测试服务提供

商，美国教育考试服务中心见证了中国国际教育在过去40多年来的发展。展望未来，我们认为外国测试公司在制定中国市场的商业战略时，需要对几个新的趋势加以考虑。

趋势一：国际教育需求的增长为测试和学习产品带来了更多机遇

多年来，中国一直是世界上最大的国际学生来源国。随着中国学生对更加多样化的教育体验的需求不断增长，开设国际课程的学校已逐渐成为中产阶级家庭的新选择。过去5年中，为保证中国国际教育的质量，国家对雨后春笋般出现的民办国际学校采取了一系列相关措施加强监管，比如对学校的创建资质进行严格审核，不允许民办学校进行营利性运营，等等。这些政策的出台并未减少国际学校的发展和日益增加的教育多元化需求。近期数据显示，申请出国留学的学生人数并未因新冠疫情的暴发而减少。开设国际课程的学校依然广受家长欢迎，中国每年都会新增数十所国际学校。从地理分布来看，国际学校已从一、二线城市和沿海城市扩展到三线和内陆城市，这证实了中国家长对国际教育的青睐。随着国际教育需求的不断增长，国际项目和国际教育测试系统将受到各个学校更多的关注。作为专业的测试开发者，美国教育考试服务中心在中国拥有毋庸置疑的机会。在过去两年间，美国教育考试服务中心与多所国际学校合作，在国际课程的开发过程中为其提供便捷的测试服务和专业的教师培训，以及测试工具和学术支持。

趋势二：受新冠疫情影响，中外合作办学项目迎来新发展机遇

事实证明，中外合作办学，即中国大学和国际大学之间结成灵活的法律伙伴关系，是国际教育机构与中国高等教育机构合作的有效途径。合作双方可以根据合作范围在大学、研究所、学位授予点等多个层面上开展合作。2004年秋天，英国诺丁汉大学落地宁波，创办了中国第一所中外合作大学——宁波诺丁汉大学。截至2020年，10所中外合作大学和2332个中外合作项目共计招收中国学生30多万名，形成了对中国主流的高等教育系统的有益补充。

新冠疫情的冲击加之地缘政治局势的不确定性，使得中国的中外合作大学项目正在迎来新机遇，中国学生可以在国内接受国外的高等教育而无须出国。中国教育部批准中外合作大学项目，正是为了让中国学生在国内即可接受海外教育。

在中外合作大学和项目的快速发展过程中，托福和GRE考试等国际考试发挥了关键作用，可评估申请者是否能够加入采用英语授课的课程。在中国，大多数中外合作项目都要求学生提交托福成绩以评估他们的英语语言能力。例如，昆山杜克大学将托福成绩列为录取材料的其中一项，欢迎通过托福考试的学生申请入学。招生官认为，在托福考试中能够获得较好成绩的学生能够充分适应全英文的授课环境。尽管将来直接出国留学的学生人数可能会减少，但我乐观地认为，选择在中外合作大学学习的学生人数会越来越多，这也将为评估测试带来新的机遇。

趋势三：远程测试模式已经诞生，技术在不断革新

新冠疫情暴发后，学习方式变得更加灵活。学生无须接受面对面的授课，也无须在同一时间、同一地点学习相同的教学内容。单一的教学方法无法满足学校的需求。在新冠疫情最严重的时候，多所学校被迫停课，将线下课程转为线上课程，测试方法也随着远程监考技术的改进和广泛使用而改变。2020年3月，美国教育考试服务中心推出了家庭版托福iBT考试和GRE普通考试在家考，以帮助那些因新冠疫情而被打乱计划的学生和招生部门。家庭版托福考试在内容、形式、机考体验和评分方式上与在线下考试中心举行的考试完全一致。家庭版托福iBT考试由最先进的人工智能技术监控，以确保考试的安全性。与其他在家考试不同的是，家庭版托福iBT考试除了各种人工智能监考设备外，全程由人工监考员在线监考。这种人工监考与人工智能设备的结合，确保了广大院校收到的考生成绩是有效、可靠且准确的。

同时，远程测试方式的使用也促使监考技术不断创新，以应对潜在的作弊行为。将来，远程测试或许将因其便利性而成为主流，也将为相关行业创造更多的机会。当然，与此同时，远程测试所要面对的安全问题也会给测试开发者带来更多挑战。

趋势四：人工智能将为教育测试带来新的机遇和挑战

随着人工智能技术的不断发展，试题内容的开发和评分将不再完全依赖人类，最终转变为人工智能和人类的结合。例如，在

托福考试中，听力和写作部分的评分是由美国教育考试服务中心多年来开发的智能评分系统和人工评分员共同完成的。人类和人工智能元素的结合可以有效地避免评分过程中可能出现的不公平现象，降低操作成本，提高测试效率。

个性化教育的发展对教育测试提出了新的要求。一次测试不能决定一个学生的命运。相反，学校和招生部门更有可能依据更加完整的学生学业发展情况来评估和预测学生的学业能力和发展潜力。在教育测试领域，可以用科学的评估方法对不同测试时间和测试组的测试数据进行关联和分析。通过挖掘与测试相关的大数据，针对不同学科以及不同地区、学校、考生等开展测评服务，建立测试数据规则，从而为教育改革、教学改进、管理优化和科学决策提供依据。

趋势五：不断开创新的增量业务

过去的1年，所有教育机构都在被迫考虑该如何进一步推动工作的开展，以对周围的世界以及我们主要利益相关者的需求作出灵活反应。我们正在经历的历史性变化表明这一事实：创新意识和创造力广泛存在于各个组织中以及每个人身上。我们必须向教师、学生和学术机构学习并支持他们的反应，因为无论是在新冠疫情期间还是疫情过后，他们才是教育变革的引领者。虽然托福iBT考试已经巩固了其在国际招生领域的黄金标准地位，但美国教育考试服务中心仍在通过测试创新和满足大学及应试者不断变化的需求来扩大自身的系列服务。2021年5月，美国教育考试服务中心宣布推出一项全新的英语能力测评考试，即托福®Essentials™（简称"托福Essentials"）考试，这是托福家族系列

商界领袖看中国：抓住广阔市场的发展新机遇

测评中继15年前推出托福iBT考试后第二个高收益的英语语言能力测试。托福Essentials考试是首个将学生喜欢的考试便捷、实惠的特点和机构信赖的考试质量理想地结合在一起的英语测试。它是一个包含听、说、读、写四大项的多用途语言考试，可满足大学录取和其他高度利益攸关方决策者的需求。它考察学术英语和通用英语技能，评估学生在课堂和其他场合（如实习和面试）中的语言水平。此外，该考试通过考生的写作和口语表现，加上对基础英语技能的评估和独特的个人视频陈述——一个简短的、不计分的视频——为申请者提供了一个展示独特个性的机会，以使院校对申请者有更加深入的了解。

　　谈到中国的教育发展，以及教育部关于教育考试发展的"十四五"规划，我们认为美国教育考试服务中心在中国仍有很大发展空间和发展机遇。国际考试与测评机构在中国的发展当然要遵循中国政府的指导方针。"十四五"期间，中国教育考试发展的一大重任是建立更加科学的教育评价体系，深化考试招生制度改革，实现教育治理体系的现代化，形成更加有效的治理模式。就业务发展而言，美国教育考试服务中心希望能够配合中国国内国际"双循环"新发展格局中的国内大循环，深耕中国市场，为中国的英语教育提供支持。鉴于托福考试世界级的可靠性和声誉，以及在世界范围内的广泛认可度，越来越多的中国高等教育机构、国际交流公司以及政府机构选择将托福考试成绩作为申请者英语语言能力的评价标准之一，托福考试的应用也从传统的留学语言测试扩展到更加广泛的英语能力测试。2019年12月，托福官方与教育部教育考试院联合宣布托福iBT考试成绩成功对接中国英语能力等级量表。未来，托福将在英语教育领域承担更多责任。

在产品研发领域，我们也非常看重中国的国内市场，尤其是国际教育和青少年英语教育领域。美国教育考试服务中心在中国设立了研发中心，并与北京教育考试院、上海教育考试院等省级教育考试机构开展合作。未来，在测试研究和产品开发领域，我们希望将中国的国内需求与全球趋势相结合，有针对性地开发国内英语测评系统，并利用美国的测试开发技术来满足中国教育发展"十四五"规划中的测试需求。中国的大型教育考试基本上由教育部下属机构和地方教育考试机构设计、开发和实施。中国的官方考试机构与国际考试与测评机构间存在着很高的壁垒，两者间的交流与合作颇有局限。中国的官方考试更加贴近本国的教育需求，而国际知名的测试机构往往配备了大量的测试研发人员。双方加强合作不仅有助于中国打造全球测试品牌，中国还能够利用国际测试机构的资源和人才以满足中国对测试人才的需求，使中国的测试更加专业化、国际化，同时在全球范围内推广中国经验，为更多的学生服务。

在商业环境方面，我们希望，除了集中资源发展和运营以教育评估和选拔为核心的业务（如中考和高考）外，由中国政府主导的考试机构能够鼓励民办学校和非政府教育机构使用第三方考试，并鼓励国际测试机构参与国内竞争，从而促进整体发展。同时，我们希望国际考试机构能够更多地参与公开招标，以提高效率，保证考试质量。

文章结尾，我想表达的是对未来的希望与信心。中国的宏观教育政策优先考虑的是转变考试与测评方式。基于我们在该领域的开创性努力和在中国市场上40余年的经验，美国教育考试服务中心将继续推动教育领域的国际合作，积极融入中国的"双循环"新发展格局。目前中国的教育依然存在诸多问题。如何以考促

商界领袖看中国：抓住广阔市场的发展新机遇

教、如何构建多元化的人才评价机制、如何保证教育公平，以及标准化考试能否继续发挥作用等，这些问题也将一如既往地推动美国教育考试服务中心的进步与发展。此外，新冠疫情危机也揭示了创新和创意广泛分布于整个行业的各个领域。我们必须不断地向当地市场、教师、学生和社区学习并支持他们的需求，积极推动教育改革，于危机中创新机，努力赢得更多的发展机遇。世界正在发生巨大变化，美国教育考试服务中心和其他类似的国际教育机构应该积极承担起责任，重新定义自身目标，推动国际教育考试与测评领域的创新。

帝斯曼加快战略转型，以创新为驱动，与中国共享未来

周 涛

周涛，帝斯曼集团中国区总裁，负责驱动帝斯曼中国业务增长（健康、营养、绿色生活等领域），并为帝斯曼赢得中国市场的口碑。他曾在阿尔卡特-朗讯工作19年，在该企业工作期间在中国和澳大利亚任职，担任过包括商业、运营、战略和综合管理在内的多个职务。他具有卓越的大型合资企业运营管理才能，曾在上海贝尔股份有限公司的组建中发挥过重要作用并随后成功领导其国际业务部门。他于2008年加入伊顿担任中国区总裁，之后任其航空航天集团亚太区总裁，以及伊顿收购库伯工业后合并公司的中国区总裁。在加入帝斯曼中国区之前，他是奥科宁克中国区总裁。他拥有澳大利亚昆士兰科技大学工商管理学位和北京航空航天大学工程学学士学位。

商界领袖看中国：抓住广阔市场的发展新机遇

荷兰皇家帝斯曼集团是一家以使命为导向的全球科学公司，活跃于营养、健康和生物科学领域，致力于应用科学改善人类、动物和地球的健康，为所有人创造美好生活。帝斯曼打造创新产品和解决方案，以应对世界诸多严峻挑战，同时为包括客户、员工、股东和全社会的所有利益相关方创造经济、环境和社会价值。

我们提供一系列解决方案，使我们的客户受益，并使生活更美好。但是，使我们与众不同的是我们独特的科学方法。我们所提供的解决方案真真正正地帮助应对我们生存的世界面临的巨大挑战：如何养活每个人，让他们保持健康快乐，应对气候变化，以及实现恢复性的生物基循环经济。

帝斯曼由荷兰政府于1902年成立，成立之初的目的是开采南部林堡省的煤矿。直到今天，我们仍沿用公司原名De Nederlandse Staatsmijnen的英文翻译Dutch State Mines（荷兰国家矿业公司，简称"帝斯曼"）来象征我们的悠久传承以及一个多世纪以来的发展。现在，它对于我们来说有了更多的意义。

作为一家科学公司，创新根植于帝斯曼的企业基因中。跨越一个多世纪的成功转型、变革与发展，使帝斯曼进入一个新时代，并将迎来新的飞跃。我们成功转型为一家全球科学公司，致力于营造更健康、更美好、更安全的世界。时至今日，我们从未停下脚步……

从动物营养与保健到人类营养与健康以及医疗器械，从生物技术到营养、质地、风味兼具的食品，我们的业务尽可能多地为企业及全社会创造价值。帝斯曼在中国的业务包括食品和膳食添加剂、个人护理、饲料、制药等。

帝斯曼早在1963年就开始对华贸易，并于20世纪90年代初在中国建立了首个销售代表处和首家生产工厂。目前,公司在中国拥有包括18个生产场地在内的38个分支机构,员工近4800名。帝斯曼中国的地区总部和研发中心位于上海。帝斯曼在华业务健康稳步增长,2021年在中国销售额为94.9亿元人民币。

帝斯曼进入中国的几十年,正是中国经济的快速发展期。作为一家伴随着中国的改革开放不断成长的外资企业,得益于中国的改革开放和吸引外资政策,我们在中国投资、建厂、营运,亲历这个腾飞的时代,见证中国的成长和繁荣。我们与中国共享未来!

可持续发展:从责任成为业务驱动力

近年来,帝斯曼在可持续发展方面的努力掀开了新的篇章。公司将以应对全球挑战诸如气候变化、能源危机和世界老龄化人口的营养及健康需求,并为之提供解决方案作为发展战略。简而言之,可持续发展已经成为帝斯曼的业务驱动力。

帝斯曼相信,实现可持续发展,意味着同时追求经济效益、环境质量和社会责任的平衡发展,亦即是在人、地球环境和利润三方面同时创造价值。

人(people):作为世界领先的营养和个人护理领域的科学领导者,帝斯曼致力于以发酵/高级生物技术等解决方案,守护免疫系统、肠道、大脑和皮肤健康。我们长期致力于推动营养促进项目,在全球范围内与人道主义组织、国际营养智库、食品公司和社会企业合作,共同开发营养强化食品解决方案,帮助营养不良的人过上更健康的生活。同时,我们研发免疫支持解决方案,并与知名营养专家合作,帮助人们了解如何通过补充维生素增强

商界领袖看中国：抓住广阔市场的发展新机遇

免疫力，并致力于提高人们对健康饮食和改善营养好处的认识。值得一提的是，面对中国老龄化进程加速现状，我们在浙江建立了老年食品创新中心，积极开展老年易食食品创新研究，推出了结合中国本土特色和国际一流技术的解决方案，并获得了社会的高度认可和赞扬。

地球环境（planet）：我们不遗余力地应对各种挑战，如减少温室气体排放、限制氮磷排放，同时坚持高水平的营养标准，确保良好的生活。在帝斯曼，我们密切管理我们的绝对温室气体减排、温室气体效率和能源效率。我们的目标是到2030年，实现运营所产生的温室气体减至2016年排放量的50%，购买可再生电力达到75%。我们还设定了内部碳价，这意味着我们将考虑所有需要大量资本支出的基于温室气体排放的决策的成本。目前，每吨二氧化碳当量价格为100欧元。在中国，帝斯曼的绿色低碳发展理念与中国"双碳"目标不谋而合。作为一家高度本土化的外资企业，我们将全球领先的降碳措施引入中国，积极与中国合作伙伴一起，更多使用低碳技术和新能源技术。2021年，帝斯曼四家工厂在第一时间加入江苏首批绿电交易，成为自江苏省绿电交易平台启动以来，首批采用绿色电力进行生产运营的工厂。帝斯曼不遗余力地加速打造绿色工厂。

基于人类和动物营养以及环境科学方面的专业知识，我们能够生产出可持续的蛋白质——从植物基蛋白到肉、蛋和鱼。畜牧业和水产养殖所产生的温室气体占世界温室气体总排放量的14.5%，因此我们现在必须采取行动。尤其是考虑到到了2026年，世界每天将需要额外的4000万吨肉类和2500万吨鱼类，降低温室气体排放，特别是甲烷排放便是全世界的当务之急。我们推出能减少奶牛30%甲烷排放的饲料添加剂和藻类鱼油替代品等产品，通过世界领先的科学创新计划助力降低动物蛋白生产的环境影响。

利润（profit）：10年前人们普遍认为，作为一家公司，要么局限于追求利润，要么坚守于保护环境，两者无法兼得。在过去的很多年中，我们一次又一次地证明，这两者是可以兼容的。帝斯曼已多次说明，在一个失败的世界里成功没有意义可言。出于同样的原因，在商业上无法取得成功，公司就不可能可持续地发展。我们是一家不断创造利润的公司，因为我们的产品是高品质的原料制成的，能帮助客户从高端品牌中获得更多的利益。我们在生产过程中不断地减少碳排放，这节约了花在能源与资源上的成本，提高了资源利用率，所有这些都为公司营利创造了基础，最终也让顾客受益。

为表彰帝斯曼在可持续发展方面作出的卓越贡献，全球领先的环境、社会与公司治理评级机构Sustainalytics连续两年将帝斯曼评为其行业第一。

开放和持续的创新与中国共同发展

2017年度《财富》杂志发布的改变世界的公司排行榜中，帝斯曼集团名列第二位。帝斯曼不仅在可持续发展方面盛名卓著，也在创新能力上作出巨大贡献。

帝斯曼丰富的产品线和多元化的业务，无不围绕"人、地球环境与利润"这一战略核心，最大限度追求可持续发展和营利性增长。在帝斯曼看来，真正的创新实践，不仅包括产品、市场和利润，还包括以人为本、可持续发展以及对未来世界的理解和关注。

商界领袖看中国：抓住广阔市场的发展新机遇

帝斯曼21%的销售额来自创新业务，研发经费占销售额的5%，在全球拥有30多个实验室和1900名科学家。中国市场是帝斯曼全球最主要的增长来源。中国不仅是帝斯曼全球最重要的增长型市场，来自中国的创新也正成为支持帝斯曼全球业务成长的基石。帝斯曼进入中国以来，经历了拓展战略布局、提升社会影响力、使命导向与绩效驱动三个阶段，每一阶段都与市场的变化和中国社会的发展相适应。帝斯曼在中国市场多年发展，很重要一点就是实现本土化，以客户为中心。帝斯曼积极倡导"为中国而创新"，措施包括设立帝斯曼中国研发中心、推出本土化解决方案、打造适合中国市场的商业模式，并持续扩大在中国的投资等。中国是唯一一个帝斯曼全球业务全部落地的国家市场，中国消费者将享受到帝斯曼的所有高端解决方案。

营养健康、绿水青山是"十四五"期间帝斯曼中国重点发展的领域，也是帝斯曼在中国发展的两个赛道。同时，这两个赛道是与全球趋势，与联合国可持续发展目标高度契合的。为了保持并进一步提升在赛道上的竞争力，公司会加强核心业务的创新能力和投入。

与利益相关方的多维度合作

帝斯曼是全球首席执行官委员会成员

帝斯曼2013年加入全球首席执行官委员会。该委员会由中国人民对外友好协会发起，由著名跨国企业首席执行官组成，试图通过组织跨国企业首席执行官与中国领导人小规模的圆桌峰会座谈交流形式，帮助全球经济领军企业的首席执行官们了解一个真实、客观、全面的中国，同时也为增进相互之间的友谊、合作、共赢搭建一个新的平台，旨在交朋友、谈合作、促和平、谋发展。在每年召开的圆桌峰会上，帝斯曼的首席执行官都会积极准备对中国经济发展的观察和建议。中国领导人赞赏全球首席执行官们对中国和平发展、开放发展的坚定信心和继续扎根中国的承诺，以及对中国经济发展提出的建设性建议。

帝斯曼积极参加世界经济论坛新领军者年会

自2012年起，帝斯曼全球高管和中国总裁连续多年参加在中国大连和天津举办的世界经济论坛新领军者年会。这是一个为全球成长型公司创造一个可以共同规划未来工商业发展远景，并同世界各国公私企业、各国和地区政府之间展开对话的互动合作平台。每年不同主题的思想盛宴吸引了来自100多个国家和地区的政商领袖和专家学者，针对全球经济现状和发展进行讨论和观点碰撞，探寻全球经济高质量发展之路。

帝斯曼积极与可持续发展组织和行业协会合作

帝斯曼是中国可持续发展工商理事会的理事会员单位，也是与理事会沟通和合作非常密切的伙伴。帝斯曼每年都积极参加中国可持续发展工商理事会的多项活动和项目，包括中国可持续发展工商理事会组织举办的会员大会和可持续发展新趋势报告会、企业可持续发展指数报告发布会、中国500强企业高峰论坛、世界一流企业最佳实践圆桌会、中国环境与发展国际合作委员会2019年年会（全球环境治理与工商业最佳实践论坛）等。

帝斯曼是中国石油和化学工业联合会国际交流和外企委员会成员，积极参与每年的中国国际石油化工大会首席执行官圆桌会和相关法规标准的意见征集，并在可持续发展如何引领行业的未来以及大变局下行业的重新定位等话题讨论中提出建议。

帝斯曼与非政府组织合作，履行企业社会责任

在2008年汶川地震后，帝斯曼向中国青少年发展基金会捐款并与之合作，为四川和甘肃受地震灾害影响的两所学校修建校舍，并每年派出志愿者前往帝斯曼希望小学，与学生和老师一起庆祝六一儿童节。志愿者们到贫困学生家庭去探访，给他们送去了书包、文具、书籍、护眼台灯和运动鞋等学习和生活用品。同时，公司员工积极参与希望之星助学金的捐助，使两所学校来自贫困家庭品学兼优的学生得到资助。学校也收到了帝斯曼公司捐赠的电脑、图书、打印机、电子钢琴、教学摄像机、户外运动健身器材、饮水机、热水器等。我们的志愿者们还给孩子们讲授趣味英语课程，教孩子们制作万花筒，设计彩泥手工课，传授营养和城市轨道交通方面的知识，并组织孩子们开展羽毛球、射箭训练和乒乓球比赛，寓教于乐，让孩子们度过了难忘的节日。

2007年起帝斯曼成为联合国世界粮食计划署的全球合作伙伴，在该合作框架下，帝斯曼为联合国世界粮食计划署的食品篮子添加关键维生素、矿物质和其他微量营养素。帝斯曼在中国携手联合国世界粮食计划署和中国乡村发展基金会，每年举办"缤纷体验"公益活动，以提升公众对儿童饥饿和营养不良问题的认识。活动吸引帝斯曼中国超过2000名员工和家属的热情参与，募集的款项均捐赠给世界粮食计划署在中国贫困地区开展的学龄前儿童营养餐项目，以及中国乡村发展基金会在中国贫困地区开展的改善儿童营养状况的"爱加餐"项目。

作为一家以使命为导向的全球科学公司，帝斯曼致力于创造积极的社会影响。帝斯曼全力支持联合国可持续发展目标和零饥饿的愿景。营养与健康（联合国发展目标2、3）、资源与循环（联合国发展目标12）、气候与能源（联合国发展目标7、13）是帝斯曼可持续发展的核心领域。我们的合作伙伴贯穿整个价值链，项目包括世界粮食计划署和作物营养强化项目等。实现这些目标的核心是帝斯曼提供的食物及饲料解决方案，即在以最高的可持续标准生产食物及饲料的同时，支持健康饮食，并减少食物的损失和浪费。

帝斯曼积极助力抗击新冠疫情

2020年年初的新冠疫情带来了前所未有的挑战。疫情给经济带来沉重打击，人们生活的方方面面都发生了巨大变化。作为企业公民，帝斯曼积极助力前线共抗疫，坚守帝斯曼对健康和安全的承诺。为保障群众生活必需品的正常供应，帝斯曼在聊城、衡阳、长春和成都四地的工厂在通过当地政府的审核后，提前复工。同时，帝斯曼与政府积极合作，克服困难坚持生产，在第一时间向湖北运送50吨维生素C原料，用于生产抗疫药品；帝斯曼还捐赠110万瓶维生素C产品，帮助湖北及其他省市的前线抗击疫情工作者提高免疫力。帝斯曼中国还向中国红十字基金会捐款100万元人民币，用于支援湖北武汉疫情防控工作。帝斯曼中国针对突发疫情，迅速建立起的各项应对机制和措施包括灵活工作方式、办公室/场地的安全健康防护要求、出差要求等，这为帝斯曼全球和其他地区的抗疫工作提供了经验和借鉴。

开启新篇章：健康地球、健康人类

新冠疫情期间人们逐渐意识到提升免疫力与健康的重要性。

商界领袖看中国：抓住广阔市场的发展新机遇

在全球范围内，对免疫优化产品（如膳食补充剂）的需求持续增长。我们相信通过营养保持良好健康、采取积极主动的预防措施来改善健康和减少患病风险的重要性。未来，营养解决方案将基于"全球产品"和"本地解决方案"模式保持强劲增长。此外，帝斯曼还将在自身大数据、数字化和生物科学能力的基础上，通过推动精准化和个性化营养，为业务增长增加第三维度。

随着全球人口不断增长，粮食系统中许多系统性的、相互关联的问题让世界面临挑战，也影响着人类、动物和地球的健康和福祉。2021年9月，帝斯曼提出了一套可量化的"粮食系统承诺"目标，涵盖人类健康、地球健康与健康生计三个领域。根据该目标，帝斯曼致力于到2030年，实现以下具体目标：

• 在人类健康方面，帮助8亿弱势人群填补微量营养元素缺口，加强5亿人的免疫力；

• 在地球健康方面，实现两位数的畜牧农场减排，向1.5亿人提供营养、可持续的植物蛋白食品；

• 在健康生计方面，与合作伙伴一起，支持价值链上50万农户的生计改善。

作为一个以使命为导向的公司，帝斯曼致力于通过更可持续的工作方式实现积极的变革。通过保护健康、提供以植物和动物为基础的蛋白质、促进可持续的耕种方式、改善弱势群体的营养，帝斯曼不断致力于改善人类与地球的健康。预计到2050年，全球人口将达到近100亿，因此我们亟须为不断增长的人口提供具有高营养价值的可持续产品。我们将继续与客户一同，开发可持续产品，促进全球人口健康。帝斯曼将不断超越，帮助客户实现可持续发展目标，通过提高行业标准造福消费者、员工和环境。

年轻消费者群体崛起背景下，
营养保健品行业面临的机遇与挑战

郑群怡

郑群怡，康宝莱全球高级副总裁、中国区董事长。郑群怡毕业于湖南大学化工系，获科罗拉多大学化学系化学博士学位，曾在康奈尔大学进行博士后研究。他于2010年加入康宝莱，担任天然产物制造部门副总裁，此后担任全球天然产物研发和科学事务副总裁。

加入康宝莱之前，郑博士是蕾硕医药化工（康宝莱湖南蕾硕原料生产基地的合作方）创始人，担任总裁职务。此外，他还曾任美国纳斯达克上市公司——肯特金融服务公司和纯净世界植物（Pure World Botanicals）公司总裁。在郑博士的领导下，纯净世界植物公司后来成为全球最大的植物提取物生产厂家之一。作为保健品行业的领先专家，他领导了用于食品、保健品和药品的天然产物提取和开发的创新与研究，并拥有20多项专利，在全球学术刊物上发表了40余篇科学论文。

商界领袖看中国：抓住广阔市场的发展新机遇

健康已成为新冠疫情期间的关键词和热门话题，人们对其重要性的认识也显著提升。大众越来越重视自身的营养与健康，致力于选择健康、平衡的生活方式。从长远来看，这将为营养健康产业带来巨大机遇。

事实上，早在新冠疫情暴发前，中国年轻一代的健康意识就已经有了明显提升。本文重点讨论随着年轻消费者影响力的扩大，中国营养健康产业面临的机遇与挑战。

年轻群体——中国营养健康产业的重要驱动力

我们所说的年轻人通常包括"千禧一代"和"Z世代"。

在许多人的观念中，对营养和健康产品感兴趣的消费者多是中老年人，即"婴儿潮一代"（出生于1946—1964年）和"X世代"（出生于20世纪60年代中期至70年代末）。然而越来越多的证据表明：如今的年轻人比其父母更早地意识到了健康的重要性并成为健康和营养领域的重要驱动力，这将为该行业带来巨大机遇。

据央视财经频道2020年10月报道，购买营养保健品的人中有25%是"90后"。[①]《2019年度保健品行业网络关注度分析报告》数据显示，60%以上对保健品感兴趣的人是"90后"。[②]康宝莱的销售数据分析也得出了同样的结论。在中国，康宝莱的顾客中超过80%的是20世纪80年代后出生的人群，其中25%是"Z世代"。

---

① 《90后成保健品购买主力，市场规模稳步增长》，央视财经频道，https://tv.cctv.com/2020/10/20/VIDEEunFLBUmJNpB7RWGcXNr201020.shtml。

② 《2019年度保健品行业网络关注度分析报告》，https://xw.qq.com/cmsid/20200407A086XK00。

年轻一代越来越多地将营养保健品纳入自己的健康计划,他们正成为市场增长的重要驱动力,背后的主要原因有以下几点。

第一,经济发展和生活水平的提高刺激消费。中国国内生产总值的增长和人均收入的增加,使普通民众购买力增强。除教育外,年轻人也倾向于在体育、娱乐和营养保健方面花更多的钱。在宏观经济层面,中国政府也采取了一些促进消费的措施。

第二,中国居民健康意识和健康素养的提升。国家卫生健康委员会的统计数据显示,在过去5年中,中国居民健康素养水平已从10.25%升至19.17%。①

互联网和智能手机带来的通信便利,使年轻一代能够轻松获得大量关于健康与营养的信息。与前几代人相比,如今的年轻一代对营养的理解更为深入。

2021年,康宝莱委托知名市场调研公司OnePoll在全球范围内围绕家庭科学膳食认知与行为开展了一项抽样调查活动。中国区调研结果显示,超过90%的18—40岁的调查对象熟悉营养均衡的概念。同时,63%的"Z世代"和80%的"千禧一代"熟悉中国居民平衡膳食宝塔,而在57岁以上的人群中,这一比例仅为50%。

丰富的营养与健康知识,以及对营养素补充剂科学性的深入了解,使更多年轻人考虑使用营养补充剂来改善自身健康状况。

第三,年轻人特有的生活方式使他们更加重视营养与健康。中国年轻人普遍面临着快节奏、高强度的工作环境。许多人长期处于压力状态下,日常生活缺乏规律,这也引起了广泛的健康焦虑。《2020年国民健康洞察报告》显示,在所有被调查群体中,年

---

① 《国家卫生健康委员会:我国居民健康素养水平由10.25%上升至19.17%》,https://baijiahao.baidu.com/s?id=1685754124375725801&wfr=spider&for=pc。

轻人对自己的健康最为焦虑。①

当被问及"新年最大愿望"时，大多数中国年轻人表示，他们希望"生活得更健康/保持好身材"，该答案的比例远高于"假期多出去旅游"和"赚更多钱"。②

工作压力使年轻人很难保持理想的生活方式，这导致他们中越来越多人开始将目光转向营养保健品并形成了"尽早过上健康的生活"的共识。

满足年轻群体的需求

随着年轻人口成为驱动力，中国的营养和健康市场也在发生着如下深刻的变化。

第一，把零食当作午餐或晚餐。随着工作节奏的加快，许多人，特别是白领青年，发现他们有时没有足够的时间享受午餐或晚餐。旅行、紧张的日程安排和计划外的情况，让他们几乎不可能保证均衡饮食。在某种程度上，零食已经逐渐取代了午餐或晚餐的功能。

这就产生了代餐的概念。代餐最初是在临床环境中为那些身体受到损伤或需要额外补充热量却无法摄取常规食物的患者准备的。

然而如今，方便的膳食替代品，像控制卡路里的预包装食品，如代餐棒和代餐饮料等渐渐成为常规膳食的替代品。这使消

---

① 《丁香医生发布2020年国民健康洞察报告》，https://www.chinanews.com/business/2020/01-15/9060347.shtml。

② 《年轻人扛起健康消费的大旗？全民营养时代到来》，https://www.sohu.com/a/453231243_121012870。

费者能够享受到营养丰富的快餐。中国的代餐食品市场正快速增长。健康零食和代餐有可能在未来成为年轻人的刚性需求，成为日常生活的重要组成部分。

针对消费者对营养方便代餐产品的巨大需求，许多营养保健品公司已开始提出解决方案。现在，市场上到处都可以看到代餐产品，从超市到网店，几乎随处可见。

第一财经数据报告《2020年代餐轻食消费洞察》报告显示，2019年中国代餐品牌数量为2837个，2020年增至3540个之多。①

作为全球知名的营养品企业，康宝莱自1980年创建以来一直以改善人们的营养习惯为己任，致力于提供美味的、以科学为依托的营养产品，帮助人们实现健康饮食和营养均衡。每天有540万份由康宝莱蛋白混合饮料等调制而成的奶昔被全球各地的消费者享用。

康宝莱致力于持续提升其奶昔产品，使其食用起来更加方便并能够满足新的市场需求。2020年，康宝莱为中国消费者推出了全新的蛋白营养奶昔（随享装）产品。它便于携带，具有本土特色的红豆薏苡仁口味，由康宝莱中国产品创新中心（CPIC）开发。该中心会根据中国不断变化的营养需求研发新产品。

另一个替代选择是我们的一款健康零食——蛋白口口脆，这款产品深受年轻消费者欢迎。这款产品于2020年推出，人们可以很方便地在家里、在工作中或在路上享用，为大家提供了一种健康的选择。

如今的中国，人们的饮食习惯在不断变化，康宝莱希望我们的产品能够更加方便，更易于分享，帮助年轻人保持健康状态。

---

① 《"躺瘦"的年轻人，"养肥"千亿代餐市场》，https://baijiahao.baidu.com/s?id=16880150223226013758&wfr=spider&for=pc。

商界领袖看中国：抓住广阔市场的发展新机遇

第二，线上购物。线上渠道已经深刻地改变了人们的购物习惯，各个行业都在探索与数字化相结合的商业模式升级方案。

2020年11月11日（又称"光棍节"），电商平台天猫的成交额超过4982亿元。[1] 2020年全年，中国实物商品网上零售额达9.8万亿元（约合1.52万亿美元）。中国连续8年成为全球第一大网络零售市场。[2]

今天的年轻人，尤其是"Z世代"，是伴随着经济快速发展和互联网而成长起来的。对于营养保健品公司而言，年轻消费者与前几代人的需求截然不同，我们需要通过整合线上线下渠道来适应当代年轻人的新需求。

数字化转型一直是康宝莱在中国最重要的战略之一。2019年，我们启动了中国区的数字化转型。在营养保健品行业，我们正在努力推动服务提供商与客户建立更好的联系并适应其购物习惯。线上和线下渠道整合后可以更好地服务客户，优化其购物体验。数字化转型的重要成果之一就是我们于2019年年底推出的基于微信平台的康宝莱官方商城。

数字化转型是康宝莱为确保业务运营在2020年新冠疫情期间保持稳定所采取的最重要举措之一。年初，受疫情影响，康宝莱的营销人员无法与顾客面对面地交流，这在一定程度上影响了消费者的体验。为了解决这一问题，我们为营销人员提供培训，引导他们借助康宝莱官方商城有效地与顾客互动，为他们提供服务。公司还鼓励和引导服务商积极利用直播平台等数字化工具开

---

[1]《2020天猫"双11"成交额超过4982亿元》，https://baijiahao.baidu.com/s?id=1683127359801704277&wfr=spider&for=pc。

[2]《我国连续8年成为全球第一大网络零售市场》，http://www.gov.cn/xinwen/2021-01/19/content_5581163.htm。

展业务，尽量将疫情带来的影响降到最低。

第三，运动营养。近年来，运动营养产品越来越受到人们的欢迎。产品的目标消费者主要是年轻群体，而且已经逐渐从专业运动员扩大到普通民众。

这一趋势已经持续了数年。2016年10月，《健康中国2030规划纲要》正式发布，提出"健康是促进人的全面发展的必然要求，是经济社会发展的基础条件"。2019年9月，中国政府还出台了另一项国家指导方针——《体育强国建设纲要》，目标是让广大民众更广泛地参与体育活动，打造更强大的体育产业和更具活力的体育文化。

我们看到，越来越多的中国人正在选择更健康的生活方式，更加积极地参与到各项运动中来。他们的健康状况持续提升，并且他们更加重视个人健身活动。现在，得益于其健康方面的益处，运动营养产品已经成为一些人日常生活的组成部分。

中国的运动营养产品市场是由对这类产品不断增长的需求所推动的。值得一提的是，需求不仅仅来自专业运动员，也来自运动爱好者和普通人。根据欧睿（Euromonitor）的统计数据，2019—2023年，若以24%的年增率增长，2023年中国运动营养品市场预计将达到8.59亿美元。[①]

康宝莱进入中国运动营养品市场的目的是满足年轻、热爱健身以及任何想要拥有健康积极生活的消费者的需求。我们的主打产品是Herbalife24系列，它于2020年开始在南京进行本土生产。Herbalife24系列是康宝莱针对全天候训练的运动员开发的运动营养产品系列，致力于通过高质量、科学配方的营养补充，助力他

---

① 《2019年中国运动营养行业市场分析：运动人群规模爆发式增长是核心驱动力》，http://www.leadingir.com/trend/view/3484.html。

们保持全天候的好状态。我们已经超越了运动前、运动中和运动后营养产品的行业标准，为运动员提供在训练、恢复和比赛中所需的所有营养支持。

大量科学证据表明，体育运动是健康生活的一部分，具有积极作用。这激励着康宝莱助力推动运动进入每个人的日常生活。

在全球范围内，康宝莱赞助了超过200个世界级运动员、运动团队和体育赛事。康宝莱还是著名足球运动员C罗的官方营养赞助商，为他提供优质营养支持。

康宝莱还向北京体育大学教育基金会捐赠人民币905万元设立了康宝莱冰雪运动发展基金，该基金主要用于冰雪运动的校园普及和冬季运动营养与运动表现研究。

该中心的研究成果不仅将惠及专业运动员，还将有助于为普通民众中的健身和运动群体提供实验数据和运动营养数据。

未来，康宝莱将继续利用自身在运动营养方面的全球经验和专业能力，为中国消费者提供高品质运动营养产品，助力推进健康积极的生活方式。

推动营养保健品行业的可持续发展

随着中国人民生活水平的持续提升和消费需求的不断增加，营养保健品市场进入了持续增长期。

社会个体成员的健康与他们对健康的基本认识密切相关。健康已经成为影响中国发展的一个广泛而全面的议题，这意味着必须从整体经济和社会发展以及公共政策的角度来审视这一问题。作为一项重要的规划纲要，"健康中国"战略旨在提高人民健康水平，解决中国健康领域面临的一些问题，推进"健康中国"建设也是实现人民健康与经济社会协调发展的国家战略。近年来，中国政府已经在健康领域推行了一系列政策。预计到2030年，中国的健康服务业总规模将超过16万亿元。

我相信，倘若能够充分激发出拥有14亿人健康需求的中国市场的潜力，该市场将成为一个庞大的市场，将拥有许多具有开创性的品牌。毋庸置疑，康宝莱致力于成为其中的一员。

新冠疫情使消费者更加重视营养和健康，对营养保健品的需求持续提升。2020年康宝莱的全球净销售额约为55亿美元，同比增长13.6%，创下了最高年度销售纪录。同期，我们在全球六个地区中的三个地区——亚太地区，欧洲、中东和非洲地区以及北美地区——也创下了新的年度销售纪录。2020年，康宝莱在华净销售额达到约52.17亿元人民币，同比增长7.7%，占全球销售额的14%。

中国健康产业起步相对较晚，这意味着中国在创新和研发方面还有很长的路要走。与全球环境相比，中国营养健康产业的供应链仍然不够成熟，发展缺乏协同效应。另外，在成熟的产品和高质量的管理体系方面，中国还相对欠缺。与此同时，中国也亟须为国内新兴的代餐产业制定相应的法规，以规范代餐产品的定义、质量要求和标签要求。总的来说，整个行业需要共同努力，推动技术创新，规范市场，并推动可持续发展。

2019年，中国营养学会发布了《代餐食品》团体标准，以推动行业发展，向建立代餐产品法规和标准迈出了重要一步。

2020年，康宝莱参与了《国际代餐食品政策法规汇编》一书的编撰，以推动代餐行业的标准化和健康发展。我们希望这有助于缩小各市场在营养和代餐方面的标准差距。

商界领袖看中国：抓住广阔市场的发展新机遇

质量是我们一切工作的核心

中国营养保健食品协会的数据显示，截至2019年，声称具有增强免疫力功能的保健食品有5000多种。面对如此激烈的市场竞争，质量至关重要。全力以赴提高和保证产品质量是我们保持核心竞争力的重要举措，也是实现可持续发展的基石。

康宝莱在质量保证方面的核心措施之一就是我们的"种子到餐桌"质量管理体系。这是一套包含了14个步骤的完善的质量控制体系，实现了从种子开始直到消费者餐桌的管理，在整个产业链的每一环都严格控制食品质量安全。在这一过程中，我们会进行诸多严格的检测，以确保产品符合最高质量标准。

康宝莱的五个生产基地中有三个位于中国。康宝莱苏州工厂和南京工厂负责生产粉剂和片剂产品，长沙工厂则进行天然植物提取。这三家工厂都是我们全球"种子到餐桌"质量管理体系的重要组成部分。值得一提的是，康宝莱会对每一批来料的植物原料都采用DNA技术进行鉴定，以鉴定植物原料的真伪，这一点在全球范围内都是处于前沿水平的。

康宝莱也在大力进行产品创新，并继续致力于不断拓展我们在中国市场的产品组合。2020年，康宝莱推出了18款新产品，该年度是我们进入中国市场以来新产品数量最多的一年。今后，我们将继续致力于提升产品使用的便利性，以及产品口味的多样化，并开发更多健康零食。

携手合作，助力健康中国

不管来自哪个行业或国家，任何在华经营的企业都应致力于为中国消费者提供优质产品或服务。作为一家营养品公司，无论是就我们提供和销售的产品而言，还是就我们所参与的旨在促进营养与健康水平提升的项目而言，康宝莱都在为这一目标而不懈努力。

在国家层面，2021年3月，《中华人民共和国国民经济和社会发展第十四个五年规划和2035年远景目标纲要》正式公布。"十四五"规划的一个重要目标就是建设"健康中国"。"十四五"规划还提出加快发展健康产业和促进全民养成文明健康生活方式。

能够将国家政策、消费者的福祉以及公司在华业务发展实现有机的融合使我们深感自豪，这也是我们在华经营20多年来一直秉持的愿景。

发展始终伴随着挑战和机遇。在中国人民生活水平全面提升的同时，人们也会面临生活压力增加以及不健康生活方式等问题的困扰。我们致力于满足中国各类消费者的营养需求，从不断增长的老年人口到健康意识不断提升的年轻消费者。我们对中国营养健康产业的美好未来充满信心。

作为一家为全球94个国家的数百万人提供优质产品的全球营养公司，康宝莱将充分依托自身的全球经验和专业能力，在帮助中国人民实现健康目标以及助力实现"健康中国"战略宏伟目标等方面贡献自己的一份力量。

商界领袖看中国：抓住广阔市场的发展新机遇

致　谢

　　进入后疫情时代，全球经济复苏面临着地缘政治变化、贸易体系破坏等多重冲击，全球增长正在急剧放缓，多个预测机构调低了增长预期，经济衰退有可能卷土重来。与此同时，各国经济社会发展出现分化，导致了诸多新的发展危机与世界性难题。中国被视为世界经济增长的最大引擎，过去40年来，中国经济保持持续稳定增长，即使在新冠疫情期间增长势头也没有被打断，当前，中国政府积极发挥支持政策作用，持续为经济增长注入稳定性。展望未来，中国依旧蕴藏着巨大的商业机遇，向外界传达这一信息十分必要。

　　本书是我和全球化智库主任王辉耀博士主编的中国与全球化系列图书之一。我们邀请到22位国际商界领袖就中国经济转型过程中跨国公司可以发掘的潜力、面临的机遇与挑战进行了分析。这些商界领袖分别来自在华外国商会/协会、知名跨国咨询公司和跨国企业，他们从不同视角就新冠疫情、经济合作、中欧合作、数字经济、气候变化、科技创新等议题展开探讨，贡献了丰富的内容和多元化的观点，提出了具有前瞻性的建议，并以丰富的商业实践和研究积累为支撑，赋予本书有说服力的可信度。在此我们向所有受邀向本书供稿的商界人士表示诚挚的谢意。

致 谢

本书将由世界知识出版社出版,在此我衷心感谢崔春董事长、汪琴总编、杜持龙主任、张怿丹副主任以及责任编辑蒋少荣对本书出版的大力支持,也期待本书的目标读者在阅读中能够发现可资利用的战略机遇。

本书由全球化智库出版中心组织翻译,我们对白云峰(负责翻译中文初稿)、李艳洁(负责检查修订译文)和任月园(负责审订全书译稿)三位同事表达诚挚的感谢。译文如有疏漏之处,欢迎读者批评指正。

苗绿博士
全球化智库秘书长
2023年10月于北京